#MÍRATE

ANDREA VILALLONGA

#MÍRATE

AGUILAR

Papel certificado por el Forest Stewardship Council®

MIXTO
Papel procedente de
fuentes responsables
FSC® C117695

Primera edición: mayo de 2018

© 2018, Andrea Vilallonga
Autora representada por IMC Agencia Literaria
© 2018, Penguin Random House Grupo Editorial, S.A.U.
Travessera de Gràcia, 47-49. 08021 Barcelona

Printed in Spain - Impreso en España

ISBN: 978-84-03-51587-1
Depósito legal: B-5717-2018

Impreso en en Black Print CPI Ibérica,
Sant Andreu de la Barca (Barcelona)

AG 1 5 8 7A

Penguin
Random House
Grupo Editorial

Para mi princesa...

I got my hair, got my head
Got my brains, got my ears
Got my eyes, got my nose
Got my mouth
I got my smile

I've got life
I've got my freedom
I've got life!

NINA SIMONE
«Ain't Got No / I Got Life» (1968)

«Tengo mi pelo, mi cabeza
Mi cerebro, mis orejas
Mis ojos, mi nariz
Mi boca

Y mi sonrisa
Tengo mi vida,
Tengo mi libertad
¡Tengo mi vida!».

NINA SIMONE
«Ain't Got No / I Got Life» (1968)

ÍNDICE

1
La primera impresión

«Pocos ven lo que somos, pero todos
ven lo que aparentamos».
MAQUIAVELO

La mente confunde el ver con el ser

¿Te ha pasado alguna vez que conoces a alguien, todo
parece ir bien, y al cabo de un tiempo te dice: «¿Sabes?, la primera vez que te vi, me caíste fatal»? O tal
vez te haya ocurrido todo lo contrario, que te digan:
«Anda, vaya carácter que tienes, no lo parecía para
nada cuando te conocí»... Son situaciones curiosas,
¿no? Y son curiosas porque la mayoría de las veces
no te sientes reflejado por esta opinión, pero si se
repite habitualmente, te entra la duda. Y entonces te
haces la siguiente pregunta: «¿Habrá algo de cierto
en esa afirmación?».

Esto es como cuando te graban en vídeo y te
ves y te oyes por primera vez. La reacción habitual

es que no te reconoces, no te gustas e inmediatamente piensas: «Yo no hablo ni me muevo así». Pero si se lo preguntas a los demás, ellos te dicen que sí, que te ven así y que no les parece que tu voz sea distinta a la que se escucha en el vídeo. Yo entiendo que es un shock, pero, querido lector, el primer paso de la autoestima es la aceptación de la realidad. Y no te lo digo en plan negativo; te aseguro que, una vez pasado el primer impacto, si vuelves a ver el vídeo con calma, te vas a ir gustando más y acabarás enamorándote de ti mismo, o por lo menos eso es lo que deseo.

El empoderamiento empieza por el espejo

Quizá después de esta confesión, de este primer shock, la pregunta que surja sea la siguiente: ¿por qué no nos gustamos en esa primera impresión? O formulándola de otra manera: ¿por qué nos sorprendemos tanto con nuestra imagen y voz? Este es el quid de la cuestión. No siempre somos conscientes de lo que proyectamos en los demás. Tenemos claro quiénes somos o estamos seguros de lo que queremos ser, pero no siempre acertamos con la imagen que proyectamos. Por eso es una sorpresa cuando te ves por primera vez, y es cuando este tema entonces puede generar un problema de comunicación con las personas que te rodean que afecte directamente a tu autoestima e influencia sobre los demás.

¿Por qué me puede afectar a la autoestima si yo me siento bien con quien soy? Pues porque, como entenderás a lo largo de este libro, las personas reaccionan a tu imagen, y no a quién eres realmente. Por eso esta dualidad no puede desconcertarte.

Cuando los demás te tratan de una manera que no se corresponde con lo que sientes, puedes acabar pensando que estás haciendo algo mal. Me voy a poner como ejemplo, toda la vida la gente que me conoce me ha dicho que de entrada parezco altiva y algo borde... TODA LA VIDA, de verdad. Este asunto me fue generando un problema, cada vez me sentía más insegura, pues no sabía qué hacer para caer bien o menos mal. Las personas no solían acercarse a hablar conmigo y cuando era yo la que se aproximaba, me trataban con escepticismo. Al final pululaba el mismo comentario de siempre: «Eres de esas personas que hasta que no se te conoce de una manera más profunda no caes bien». Al no darme cuenta de que se trataba solo de la primera impresión, y que nada tenía que ver con quien yo era realmente, mi autoestima se vio resentida.

Y no es una cuestión de moda ni de belleza. Estamos convencidos de que damos la imagen de aquello que somos, pero la realidad es que no siempre es así. Por eso existen estas confusiones y malinterpretaciones.

La prueba de fuego: imagen externa, movimiento y voz

La primera impresión es siempre una prueba de fuego. Esos siete segundos en los que, inconscientemente, o bien somos juzgados o nos convertimos en jurado (porque ¿quién no lo ha hecho alguna vez?). En esos siete segundos no hay tiempo para la bondad. Se juzga y punto. Es una cuestión de piel, de *feeling* o de química, como queráis llamarlo, pero es un hecho que no se puede evitar. El impacto de la primera impresión es la imagen externa, ya que pone en funcionamiento el principal sentido del ser humano: la vista. Además, piensa que en una primera impresión toda la información que obtenemos entra principalmente por los ojos y luego por los oídos. El cerebro necesita organizarse de una manera rápida y decide que lo que ve es lo que es.

Más de la mitad de la opinión que nos hacemos de los demás y ellos de nosotros se basa en la imagen externa. Solo por nuestro aspecto físico: si somos altos, bajos, anchos, rubios, castaños... Un 55 por ciento del que realmente no somos responsables, sino que depende de nuestra herencia genética, de cómo nos hayan hecho nuestros padres. Por eso, está claro que los elementos que decidamos ponernos, como la indumentaria, el peinado o la óptica van a ayudar a potenciar o a neutralizar ese primer impacto.

En segunda instancia aparece también la comunicación no verbal, que representa un 38 por ciento del resto de la opinión. No solo somos aspecto físico, sino que también nos movemos. Y cómo usamos nuestro cuerpo incide en hacia dónde se dirigirá esa primera impresión. Así que es importante la expresión facial, la manera de caminar, la postura corporal o la gesticulación de cada uno.

Y el 7 por ciento restante se corresponde a la expresión verbal. Pero de este porcentaje el contenido del mensaje es solo el 2 por ciento. ¡El 2! El resto es tu modulación, tu tono, tu volumen, cómo vocalizas. Aunque tu mensaje sea importante, si no sabes transmitirlo bien se perderá en el camino.

A veces puede pasar que primero oigas la voz de la persona y luego la veas. Y es curioso que cuando hablamos con alguien por teléfono, nos creamos ya una imagen de esta persona, y la mayoría de las veces no se corresponde a la realidad. Y te pongo otro ejemplo: cuando te gusta algún locutor de radio y te acostumbras a oírlo, te lo imaginas, pero claro aquí tenemos a un especialista de la voz bonita. Y un día, maldito día, ¡decides buscarlo en san Google!... Y de repente todos tus sueños eróticos se desvanecen. Estoy exagerando, pero es cierto que muchas veces nos sorprendemos con la búsqueda porque no se corresponde con lo que nos habíamos imaginado.

No es crueldad, y lo vas a entender con otro ejemplo: imagina que en lugar de una persona es un escaparate. ¿No es cierto que la mayoría de veces que entramos en una tienda es por el aspecto del escaparate? Valoramos lo que hay expuesto, claro que sí, pero también si está limpio, si es moderno, si es bonito... Pues si lo pensáis bien, nosotros no dejamos de ser un escaparate y de estar expuestos a los demás cada día.

Expectativas visuales, instinto primitivo

La primera impresión se fundamenta sobre la expectativa que generamos en las personas cuando nos ven por primera vez y que también condiciona cómo se van a relacionar con nosotros. Pueden llegar a cambiar su tono de voz, su postura e incluso el tipo de vocabulario que usan dependiendo de lo que transmitimos.

Haz tú mismo esta prueba. Sal a la calle y pregúntale a varios individuos lo mismo, por ejemplo:

«Disculpe, ¿sabe qué hora es?». Elige un niño, una persona mayor, un adolescente, una mujer muy arreglada o un caballero con traje. Las expectativas visuales hacen que nos adaptemos a aquello que vemos para poder empatizar mejor o, todo lo contrario, protegernos de posibles ataques. Verás que tu tono de voz y tu postura no son las mismas, se adaptan a lo que ves y a lo que crees que representa esa persona.

No dejes que tus complejos definan quién eres

Todo estos juicios y malinterpretaciones de quién, cómo y qué somos son debidos a las EXPECTATIVAS VISUALES que creamos en los demás.

Además, ¿quién no ha juzgado alguna vez a alguien por su aspecto? No es que seamos malas personas, es algo totalmente normal. Es un instinto primitivo. No podemos luchar en contra de las expectativas visuales, son nuestra herencia primitiva. Tiene que ver con la evolución de nuestra especie y con lo que, a lo largo del tiempo, le ha permitido adaptarse a todo tipo de situaciones. Piensa que los hombres de las cavernas, cuando se encontraban ante un elemento que no conocían, debían decidir rápidamente si su vida corría peligro o no. De esa decisión rápida dependía su supervivencia. Por lo tanto, solo los que eran capaces de formarse una primera impresión correcta sobrevivían.

Un juicio justo, sin estereotipos

La primera impresión no es más que un juicio rápido que nos hacemos sobre una persona. Si juzgamos que es peligroso, nuestro cuerpo activa sus mecanismos de defensa y no queremos saber nada más del tema. Pero menos mal que también en este tema hemos evolucionado y ya no vale aquello de: «No hay una segunda oportunidad para causar una buena primera impresión». Quiero creer que aunque no podamos evitar el juicio inicial, somos lo bastante listos como para no creérnoslo del todo; y si esto no es así, por lo menos espero que cuando acabes este libro ya no lo hagas.

Podrías pensar también que simplemente se trata de ESTEREOTIPOS y por supuesto también influyen en lo que podemos meditar sobre los demás cuando los vemos por primera vez, pero estereotipos y expectativas visuales son cosas distintas.

Los estereotipos pueden ser de tipo social, económico, racial, cultural e incluso estilístico y de belleza, y normalmente son debidos a prejuicios sociales y educacionales. Los estereotipos se suelen basar en lo que nos han enseñado que es negativo de cada grupo y eso los define. Estos prejuicios se pueden y se deben trabajar, ya que todos nos merecemos ser tratados de manera equitativa.

Las expectativas visuales en cambio se crean a través de un conjunto de líneas, formas, volúmenes y colores que nos aportan información sobre aquello que estamos viendo. La expectativa visual es una experiencia sensorial e instintiva que nos permite percibir aquello que vemos y reaccionar a ese estímulo, ya sea visual o auditivo. Si te fijas, todo lo que nos rodea está compuesto por líneas, formas, volúmenes y colores, incluso tú mismo: tu cabello, tus cejas, tus ojos, tu mandíbula, tu cuerpo... Todo tu ser externo son líneas. La forma de tu cuerpo, si eres más alto o más bajo, el volumen de tu pecho, barriga o glúteos y el colorido natural de tu piel, ojos o cabello.

Como puedes ver, estás enviando una cantidad considerable de información a tu interlocutor y, quizá, hasta ahora no eras consciente de ello. Piensa además que cuando te mueves o hablas también dibujas líneas, formas y volúmenes, así que la emisión de información sigue su curso independientemente del mensaje que tú hayas decidido dar.

La diferencia más clara está en que el estereotipo se inicia en la mente por lo que nos han enseñado y en cambio la expectativa visual, al ser un instinto, se inicia en la emoción, es una experiencia sensorial.

El quid de la cuestión: tu objetivo de imagen

Ser una experiencia sensorial conlleva una gran responsabilidad, no hacia los demás, sino, tal y como te decía al inicio de este capítulo, para tu autoestima. No se trata de dar una buena primera impresión, el quid de la cuestión es entender cuál es la que doy y trabajar en cuál quiero dar. No creo para nada en el prototipo de una buena imagen, eso (y lo verás a lo largo del libro) depende de tu objetivo de imagen. Cierto es que existen algunas características generales, pero tu objetivo es lo más importante.

Esto me hace pensar en una anécdota que viví en mis propias carnes hace muchos años. Cuando empezaba mi carrera profesional como asesora de imagen, quise trabajar precisamente mi aspecto exterior para transmitir la imagen profesional que yo consideraba correcta. Hace doce años, esta profesión aún era poco conocida. Cuando decías que te dedicabas a ello las personas pensaban que era un tema exclusivamente de maquillaje y moda. Sin embargo, tienes que saber (si no lo sabes ya) que este empleo consiste en el análisis de la imagen transmitida en todos sus ámbitos y entre las herramientas que usamos están la moda y el maquillaje, pero también la comunicación, el protocolo, la iconología, el visagismo o el *coaching*. Otro punto importante radica en que no es solo para clientes personales, sino que también se dirige a empresas. Bueno, pues volviendo a mi experiencia, yo quise separarme de la imagen más amable de la moda y crear una más «profesional» en el sentido más amplio y antiguo de la palabra: americana, tacones, cabello liso, gafas de gato. Vamos, el perfecto estereotipo de la *working girl* de los años ochenta. Mi intención era transmitir seguridad, contundencia y sobre todo una imagen llamativa, para que los demás se acordaran de mí. Hasta aquí todo bien, pero yo no era consciente de que esa imagen ya la tenía de forma natural. ¿Recuerdas que al principio del capítulo te he comentado que siempre he transmitido contundencia y altivez? Pues imagínate con todo este disfraz encima... Todo el añadido estilístico creaba aún más la expectativa de altivez, prepotencia y sobre todo... de agresividad.

¿Hoy qué vas a hacer para ser feliz?

Pues eso, estaba cruzando la calle Comte d'Urgell, con mi vestido fucsia, mi americana y mis tacones amarillos, cuando la gravedad me jugó una de las suyas y en el paso de cebra me caí. Cuando me caigo, suelo levantarme, pero en esta ocasión me rompí la clavícula y me quedé allí tumbada un tiempo que me pareció una eternidad. ¿Y me vino a ayudar alguien?... No, pero no quiero decir que me abandonaran, sino que lo que pasó fue que se formó un corrillo de personas que comentaban la situación, pero a la expectativa de mi reacción. ¿Por qué? Porque las expectativas visuales creadas por mi cuerpo, indumentaria y manera de caminar eran de que si se aproximaban, mi reacción iba a ser agresiva. Así que hasta que no miré al corrillo con una media sonrisa no se atrevieron a acercarse. Ese fue el día que entendí la importancia de la primera impresión. No por los demás, sino por mí misma.

Mi intención es ayudarte o guiarte para que comprendas cuál es la expectativa visual que transmites y que puedas potenciar aquello que te interese de ti mismo.

Para que te vayas preparando al momento de la verdad, te propongo que contestes a dos preguntas: ¿qué crees que transmites? y ¿qué quieres transmitir realmente?

Conclusión final

Tenemos claro quiénes somos o estamos seguros de lo que queremos ser, pero no siempre acertamos con la imagen que proyectamos. Por eso es importante la primera impresión. Este tema puede generar en algunos casos un problema de comunicación con los demás que afecta directamente a la autoestima personal y a la influencia sobre los demás. No dejamos de ser un escaparate y de estar expuestos a los demás cada día.

La primera impresión se fundamenta sobre la expectativa que generamos en los demás cuando nos ven por primera vez y que a su vez condiciona cómo se van a relacionar ellos con nosotros. Las expectativas visuales se crean a través de un conjunto de líneas, formas, volúmenes y colores que nos aportan información sobre aquello que estamos viendo. La expectativa visual es una experiencia sensorial e instintiva de percibir aquello que vemos y reaccionar a ese estímulo, ya sea visual o auditivo. Y no puede confundirse con los estereotipos, que son prejuicios sociales y educacionales.

No se trata de dar una buena primera impresión, el quid de la cuestión es entender cuál es la que se da y trabajar en cuál se quiere dar. Es decir, tener claro cuál es el objetivo de imagen.

2
La imagen como capital de influencia

Influencia y manipulación

Antes de entrar en cuáles son los capitales de influencia que mueven el mundo, quiero hacerte varias preguntas: ¿te interesa tener influencia? ¿Es una característica importante para ti? ¿Cuál es la diferencia entre influenciar y manipular? Bueno, vamos por partes; la influencia es el poder de una persona o cosa para determinar o alterar la forma de pensar o de actuar de alguien. Pero a mí me gusta más la siguiente definición: efecto, consecuencia o cambio que produce una cosa en otra.

Con esta definición, puedes comprender que la influencia no es un acto voluntario con el que poder alterar la forma de pensar de alguien, sino que con tu manera de ser o tus características, consigues producir un cambio en alguien. Me parece maravilloso que lo que tú hagas o cómo seas pueda servir de inspiración a los demás.

En cambio, la manipulación es una forma de chantaje emocional. Se pone en marcha una conducta para inducir al otro a que sin darse cuenta piense, sienta o actúe de la manera en que el manipulador quiere que lo haga.

Es lo que diferencia a un jefe de un líder. Un jefe manda lo que hay que hacer; en cambio, un líder inspira al equipo para que lo haga sin pedirlo. Tener influencia es tener el poder de la motivación.

Las tres formas de capital de influencia

Dicho esto, existen varias maneras de influenciar en los demás. El sociólogo francés Pierre Bourdieu distingue tres principales formas de capital de influencia en su libro *Poder, derecho y clases sociales* (1983):

El capital económico. Tener muchos recursos económicos facilita el tener influencia sobre los demás. Nos guste o no, es el tipo de influencia más poderosa, ya que es una fuente esencial del poder. Si te paras a pensar, incluso en las empresas, los departamentos que tienen más presupuesto son los que toman las decisiones. A nivel político es absolutamente impensable que un personaje como Donald Trump hubiese llegado a gobernar sin el poder económico que tiene. Y luego a nivel personal, todos conocemos a parejas que están unidas por el interés económico.

Atención, esto no es una crítica. Solo es una reflexión sobre el poder del dinero. Una vez en una charla, cuando hice la pregunta a los asistentes de cuál pensaban que era el capital de influencia más poderoso, una persona me dijo: «El amor». Como respuesta era maravillosa, pero yo tuve que contestarle: «El amor al dinero quizá sí, pero el amor solo, por desgracia, no». En el fondo los que decimos que no nos parece bien el poder que tiene el dinero es en general porque no lo tenemos.

El capital social. Las redes de influencia y colaboración forman parte de este capital. Vamos, lo que se dice un buen *networking*. Es cierto que cuanto más nos relacionamos con los demás, más posibilidades tenemos de estar en el sitio adecuado en el momento adecuado, ya que nos avisarán de ello.

Mantener y fortalecer las relaciones sociales en una empresa es conocer a las personas que la integran por su nombre, interesarse por lo que hacen y por cómo están. Cuando entré en *Operación Triunfo,* hicimos un encuentro todos los profesores y nos fuimos presentando. Ninguno había hecho un trabajo previo de investigación, porque íbamos justamente a eso, a conocernos. Y de repente, Roberto Leal, el presentador, con una amabilidad extrema, se fue acercando a todos nosotros, llamándonos por nuestro nombre (que ya se sabía) y comentando algún detalle de la asignatura que íbamos a impartir. Me pareció el ejemplo perfecto del capital social.

El impacto de tu imagen define tu influencia

El capital cultural o intelectual. Es el conjunto de todas las formas de conocimiento, educación, habilidades y aptitudes que tiene una persona. Esto empieza por lo que nos enseñan nuestros padres, transmitiéndonos las actitudes y los saberes necesarios para desarrollarnos. Luego se va completando con todos los conocimientos que adquirimos a lo largo de nuestra educación académica y que reforzamos con lo que aprendemos en nuestro día a día.

Estos conocimientos nos hacen más interesantes y consiguen que se nos escuche y se valoren más nuestras opiniones, ya que aportan una cierta credibilidad. Cuando te encuentras con una persona que domina un tema, cuesta más poner en duda aquello que te está explicando y hasta se vuelve un placer verse envuelto por tanto saber.

El cuarto capital, la imagen

Pero para la socióloga británica Catherine Hakim existe un cuarto capital de influencia que ella llama el capital erótico. El capital erótico no significa acostarse con todos, sino que tiene en cuenta la belleza, el atractivo sexual, la vitalidad, el saber vestirse bien, el encanto, el don de gentes y la competencia sexual. Según ella, las personas atractivas destacan, llaman la atención, atraen y predisponen positivamente. Pero yo aportaría un matiz importante en la tesis sobre el capital erótico: no es una cuestión de belleza, sino de tener la imagen adecuada.

En lo que se refiere al ámbito laboral, en francés existe una frase que me encanta: «Avoir la tête de l'emploi», que significa tener la cara del empleo. Y es cierto que hay personas que nada más verlas sabes a lo que se dedican. Pues aplicado al capital de influencia sería tener la imagen adecuada de lo que queremos transmitir.

Tener capital erótico o capital imagen (me gusta más este término) es ser consciente de la imagen que transmito y de la que quiero transmitir. Y para ello voy a usar todas las herramientas de las que puedo disponer: mi imagen externa, mi expresión y mi actitud. ¡Vamos, un MÍRATE en toda regla!

Dos conceptos diferentes: imagen y belleza

Por eso quiero explicarte la diferencia que existe entre imagen y belleza. Según la definición oficial la imagen es una figura, una representación visual, la semejanza y apariencia de algo. La imagen es el conjunto de cualidades que transmite una persona y por lo tanto es la carta de presentación por la que te juzgan y etiquetan, como has podido ver en el capítulo 1 («La primera impresión»). Y es imposible recrear un prototipo de imagen perfecto, ya que la imagen personal es individual, única y evolutiva. Es cierto que no transmitimos lo mismo a medida que va pasando el tiempo, no solo por los cambios físicos, sino porque varían nuestros objetivos. No tenemos las mismas expectativas a los veinte que a los cuarenta años. Como verás a lo largo de este libro, la imagen no es un aspecto subjetivo, porque su interpretación se puede valorar gracias a la iconología. Y te aseguro por mi experiencia que, en un 90 por ciento, cuando se describe la imagen que transmitimos, todos percibimos lo mismo.

En cambio, la belleza es muy subjetiva y, como bien dice la frase, «depende de los ojos con los que se mire». Piensa que la belleza lo único que consigue provocar de una manera objetiva es una sensación de placer, satisfacción y admiración, y que la percibimos principalmente por el sentido de la vista o el oído, pero es difícilmente cuantificable. Cuántas veces le has dicho a alguien: «Qué bonito es esto» o «Qué guapa es esta persona», y te ha contestado: «Pues a mí no me gusta». Por eso me parece más complicado usar la belleza como característica para mejorar tu imagen. Si te pones guapo, piensa que tiene que ser para que tú te veas mejor, sé que suena a frase de Facebook, pero es la realidad. Si trabajas tu imagen siguiendo solo el criterio de la belleza, tendrás solo un 50 por ciento de posibilidades de gustar. Recuerda que todos somos guapos o feos para alguien.

Te voy a explicar la diferencia de imagen y belleza con una metáfora muy simple: si tú llevas un jersey verde, todos verán que lo llevas (eso es la imagen), pero no a todos les gustará (eso es belleza).

Más allá del canon de Policleto

Dicho esto, es cierto que el canon de belleza más extendido es el de la armonía y el de la simetría. De hecho, el canon de Policleto es uno de los sistemas de simetría corporal más usados en el mundo de la estética. Policleto, un escultor griego, fue un especialista en plasmar la belleza según lo que él consideraba las proporciones perfectas, relacionando simétricamente las distintas partes del cuerpo humano.

Pero fíjate que la simetría no solo se usa para crear belleza física, sino que a nivel visual es un concepto que aporta tranquilidad y confianza. Cuando vamos a un restaurante y nos traen un plato bien presentado, simétrico con todo bien puesto, ya nos parece que está bueno. O cuando entramos en una tienda y toda la ropa está bien colocada, nos parece más bonita. En rebajas cuando está todo mal colocado, cuesta más (a menos que le dediques tiempo) visualizar las prendas bonitas. Relacionamos belleza con simetría, con positividad.

Aun así, es más fácil trabajar con tu imagen que con tu belleza para alcanzar un objetivo concreto.

Utilizamos las palabras y nuestra fuerza argumental para transmitir información, pero nuestra imagen y nuestro lenguaje corporal también nos delatan, comunicando estados de ánimo e intenciones. La imagen es un capital de influencia muy importante que tenemos y al que le damos muy poca importancia. Nos vestimos porque nos tenemos que vestir, pero no sabemos controlar la razón por la que estamos utilizando la imagen de esa manera.

Vivimos en una sociedad y una cultura basadas en la imagen. En las que muchísimas veces, prima más el exterior que el interior. Es absurdo que caminemos por el mundo pensando que estamos fuera de ese sistema. Se nos educa con imágenes concretas, con necesidades concretas... Conozcamos esa educación y utilicémosla a nuestro favor. Sepamos cómo nos influye y cómo podemos cambiar el tipo de influencia que ejercemos. Que nuestras propias limitaciones no determinen lo que los demás ven de nosotros y nos condenen a no poder alcanzar nuestros objetivos. Es decir, que la imagen negativa que tengamos de nosotros no domine nuestra meta final. Seamos nosotros los que controlemos nuestras vidas y no al revés. Necesitamos de los demás para conseguir trabajo, para ascender, para conseguir respaldo y atención... Somos seres sociales por naturaleza y nos agrupamos según nuestras personalidades. Que una primera impresión o una imagen corporal negativa no nos aleje del grupo de personas en el que queremos estar y en el que queremos crecer.

No ser la última elección

En los años veinte Edward Thorndike, profesor de Psicología, desarrolló el término del «efecto halo» en su artículo *A Constant Error in Psychological Ratings* cuando durante uno de sus estudios para el ejército se dio cuenta de que en las evaluaciones de los oficiales hacia los soldados se daba una alta correlación entre los rasgos positivos y los negativos. Investigadores posteriores han estudiado este efecto y su relación, en especial, con el atractivo físico dada su relevancia en el sistema educativo, en los procesos judiciales y en las entrevistas laborales. El «efecto halo» influye en el modo en el que podemos llegar a juzgar a cualquier persona que conozcamos. Como ves, tiene mucho que ver con la primera impresión. Uno de los aspectos que más se estudia en este efecto es el atractivo de las personas. Es decir, una persona considerada más guapa, atractiva o con mejor imagen generalmente es mejor valorada, incluso si cuenta con menores habilidades o competencias. Y, claro, si el «efecto halo» se evalúa a la inversa, puede darse que una persona que tiene un rasgo indeseable no sea bien valorada.

En este sentido una vez leí el resultado de un experimento en EE. UU. (si te digo la verdad, no me acuerdo dónde lo consulté ni quién lo hizo, pero sí se me quedó grabado en qué consistía) que demostró lo que estoy queriendo contarte. Se presentaron para un puesto de trabajo tres personas: dos con la imagen adecuada para el puesto y otro que no la tenía. Los dos primeros no eran aptos para el puesto, y el tercero sí. En primer lugar, se escogió al que tenía la mejor imagen (la adecuada al puesto, no el más guapo), pero le echaron. Después de esto, no cogieron al mejor..., sino que eligieron al segundo señor que tenía mejor imagen... Y cuando ya no quedaba otra opción, contrataron al más cualificado. Cuidar tu imagen posibilita que no seas la última elección.

Creo que, en una selección de trabajo, una vez pasada la preselección por capacidades, experiencia laboral y conocimiento, el capital imagen es básico en las entrevistas como otra parte de talento. Y cuando hablamos de buena imagen te recuerdo que no es belleza, solo con ir mal vestido, con una postura incorrecta o con mala actitud puedes crear el halo invertido.

Tú y el espejo debéis hacer equipo

Y a nivel personal, qué te voy a contar. Cuando estamos pasando una mala racha, ya sea por estrés o por crisis emocionales o la vida en general, tendemos a mostrarlo al mundo. ¿Hace falta que todos sepan que no estamos bien? ¿Que estamos en medio de una crisis? Descuidamos nuestra imagen externa, nuestra postura corporal no es energética, vamos arrastrando los pies y nuestra actitud es poco positiva. Es, precisamente en esas ocasiones, cuando más nos molesta que nos pregunten o cuando más vergüenza pasamos si percibimos que los demás nos están mirando. Pero ¿cómo no lo van a hacer si estamos gritando a los cuatro vientos que estamos fatal? Si es cierto que no queremos airear los trapos sucios, entonces controlemos nuestra imagen.

Y recuerda que, cuando hablo de imagen, no solo me refiero a la externa, sino también a la expresión y a la actitud. Aunque en todo este asunto hay una cuestión mucho más profunda. Si nos sentimos mal y nosotros mismos nos vemos así cuando nos miramos en un espejo, la autoestima baja todavía más. Nos cuesta el doble comenzar a remontar. Porque, como he explicado antes, todos nos regimos por lo que vemos. Si nos vemos vencidos, nos costará más volver a recuperar las fuerzas.

Conclusión final

Existen varias maneras de influenciar en los demás (no estamos hablando de manipulación ni de chantaje emocional) a través del capital económico, del social, del cultural... y del de la imagen. Imagen no es lo mismo que belleza. La imagen no tiene un componente subjetivo, puede valorarse, trabajarse... Es algo objetivo. Por eso la imagen (teniendo en cuenta no solo la exterior, sino también la expresión y la actitud) es un capital de influencia muy importante, y sin embargo, no le damos todo su valor. Vivimos en una sociedad y en una cultura basadas en la imagen y se nos educa con imágenes concretas, con necesidades concretas. Hay que dominar esos conocimientos y utilizarlos a nuestro favor para saber cómo nos influyen y cómo podemos cambiar el tipo de influencia que ejercemos...

3
Aprende a mirarte

«La vida es como un espejo:
si yo sonrío, el espejo me devuelve
la sonrisa».
MAHATMA GANDHI

Cuando atiendo a mis clientes en la consulta, una de las preguntas que les suelo formular es que cuál es la parte de su cuerpo que más les gusta. Normalmente, me contestan que no lo saben, que nunca se lo habían planteado. O en el 80 por ciento de los casos me ofrecen un listado de lo que no les agrada.

Ahora te pregunto directamente a ti: «¿Cuál es la parte de tu cuerpo que más te gusta?». Si lo sabes te felicito, pues el primer paso para tener autoestima es saber observar objetivamente cómo somos y qué nos gusta de nuestro cuerpo. Tener claro cómo somos y lo que nos gusta de nosotros no quiere decir que seamos creídos o vanidosos.

Nos han hecho creer que gustarse a uno mismo es malo, por eso nos sentimos más cómodos enumerando lo que no nos complace. A veces, incluso nos es más fácil dejar de querernos para evitar que nos tachen de narcisistas.

Vuelvo a la pregunta que te he formulado. Si no sabes, o no te sientes cómodo admitiendo lo que te gusta, o contestas: «No me gusta nada de mi cuerpo», sigue leyendo. No creo que vaya a cambiar tu opinión, pero sí voy a intentar darte una perspectiva diferente.

Lo primero que debes saber es que detectar las partes positivas de tu físico, y sacar partido de ello, es una herramienta muy potente que hay que aprender a usar. También hay que tener en cuenta aquellas partes que podrías o querrías mejorar. Por eso es importante realizar un ejercicio de objetividad con nosotros mismos y con nuestro cuerpo. El mejor instrumento para ello es un espejo. Y la acción clave es ponerse frente a él.

Una vez que nos ponemos frente al espejo, surgen varios obstáculos que nos impiden mirarnos con objetividad. Así que voy a señalar cuáles son esos obstáculos para tenerlos localizados y que puedas enfrentarte con tranquilidad a la pregunta que he formulado.

Obstáculos frente al espejo

La vanidad

La vanidad es arrogancia, envanecimiento y deseo de ser admirado por el alto concepto que tiene uno mismo de los propios méritos (tanto físicos como también aptitudes).

Como cualquier sentimiento negativo, quien lo alberga siempre se compara con el otro, y esto aumenta el deseo de querer ser más que los demás y, por tanto, pensar que ha de ser admirado, creando alrededor de sí una realidad poco creíble. La creencia en la superioridad de nuestros atributos físicos (o mentales) nos aleja de la objetividad que necesitamos tener para conseguir mirarnos de verdad en el espejo.

Lo que sí es cierto es que la vanidad puede ocultar otros defectos como, por ejemplo, una autoestima frágil. De este modo, una persona con la autoestima frágil necesita constantemente ser aprobado por los demás y no acepta bien una crítica que no encaje con la opinión ella tiene de sí misma.

Pero no te equivoques, si objetivamente te gusta una parte de tu cuerpo y lo potencias, no estás cayendo en la vanidad..., es ¡pura realidad! Hay que tener cuidado con colocar etiquetas erróneas que distorsionan nuestra visión personal. Decir que me gustan mis ojos no es vanidad. Sin embargo, si digo que tengo los ojos más bonitos del mundo, eso sí lo es.

La comparativa

Hay una teoría sobre la comparación social ascendente y descendente que puede afectar nuestra autoestima en vez de motivarnos a mejorar. En 1954 el psicólogo social Leon Festinger propuso la teoría de la comparación social*, que se basa en explicar cómo los individuos evalúan sus propias opiniones y capacidades mediante la comparación con otros, con el fin de reducir la incertidumbre en esos ámbitos y aprender así a definirse a sí mismos.

Sin embargo, existen dos variantes de esta comparación, la comparación ascendente y la descendente. Cuando una persona mira a otra o a un grupo de personas a quienes considera peores que ella misma para sentirse mejor con su situación personal, está haciendo una comparación social descendente. En cambio, las comparaciones con otros que tienen una situación mejor a la nuestra se llaman comparaciones ascendentes. Estas comparaciones ascendentes pueden

---

* Festinger, L. (1954). «A theory of social comparison processes», *Human relations,* 7(2): 117-140].

bajar la autoestima, mientras que las comparaciones descendentes pueden subirla.

Las comparaciones sociales descendentes tienen más probabilidades de hacernos sentir mejor con nosotros mismos, mientras que las ascendentes son más propensas a motivarnos para lograr más y llegar más alto.

Acepta lo que ves, quiere lo que eres

Desgraciadamente, lo que he podido comprobar es que las mujeres en general, y algunos hombres también, tenemos tendencia a hacer comparación ascendente, lo que puede provocar una baja autoestima. De esta manera, uno decide frente el espejo, mirando su cuerpo, del que no le gusta nada. Es decir, como no tengo las facciones o el cuerpo de tal persona, el mío no vale. Esto provoca que mis expectativas no sean realistas y que por tanto no puedan ser cumplidas, pues cada uno tiene un tipo de cuerpo, una vida y una energía diferente que debe descubrir, explorar. El compararnos con los demás puede llevarnos a crear una situación irreal si nos hace sentir inferiores o superiores.

Entonces, ¿cuándo es útil compararse con los demás? Pues como explicaré en el capítulo 14 («La fotogenia»), el truco está en no comparar lo que tú eres o cómo es tu cuerpo con el otro, sino observar y aprender de la otra persona, de cómo lo hace, siendo consciente de que tiene otro cuerpo y que es de otra manera, y copiar aquello que te interesa para alcanzar tu objetivo.

En el ejercicio de mirarse al espejo, debemos conseguir un ten con ten con nosotros mismos intentando no caer en la tentación de las comparaciones. Tener claro que lo que debes lograr es determinar qué partes de tu cuerpo te gustan A TI, sin compararte con los demás. Así verás que no es nada fácil, pues te enfrentas con lo que tanto te puede no gustar como hacerte contemplar gratos descubrimientos.

Es curioso cómo, en esta fase de la entrevista, la mayoría de los clientes están más dispuestos a oír todo lo negativo sobre su cuerpo o todo aquello que están haciendo mal respecto a su imagen que enfrentarse a lo positivo.

El culto al error

Hay una creencia común: se aprende más de lo que haces mal que de lo que haces bien. Es decir, parece que es mejor saber tus puntos flacos que tus fortalezas. Y no tiene por qué ser así. Si estamos realizando un ejercicio de objetividad, tenemos que ser capaces de aceptar tanto lo bueno como lo mejorable.

Me acuerdo de una clienta que, nada más sentarse, me dijo: «¡Venga, dímelo todo, sin miedo, yo puedo aguantar!». Yo le contesté: «Espera un momento, yo no soy nadie para criticar lo que veo. ¡Si ni siquiera te conozco!». Me costó mucho trabajo que ella me reconociese algo positivo de su imagen, pues su deseo era que yo ratificara las partes negativas. Es muy complicado poder evolucionar y mejorar como personas si no somos capaces de mirarnos objetivamente. Sí, podemos tener partes negativas, pero también existen las positivas. Y te puedo asegurar que es más fácil potenciar las partes positivas que corregir lo negativo, sobre todo cuando hablamos de un cuerpo.

Es algo educacional, nos han repetido mil veces que todo aquello que tiene valor es lo que nos ha costado esfuerzo, pero yo estoy convencida de que aquello que hacemos con facilidad o aquellas partes del cuerpo que tenemos bien naturalmente tienen el mismo o mejor valor.

Las personas que lo tienen más claro son aquellas que aceptan todo su potencial de luz y oscuridad. Es decir, ven el bien y el mal, el yin y el yang, lo correcto y lo incorrecto, como características externas e indisociables.

No se puede mejorar la imagen de alguien sin tener claro cuál es su objetivo y, lo más importante, sin saber cuál es la opinión que tiene de su propia imagen. Si no se dan estas dos situaciones, no se pueden efectuar cambios radicales.

Mírate sin comparar: no eres como nadie, nadie es como tú

Querer un cambio de imagen radical es algo muy habitual. Cuando ocurre algo que transforma nuestras vidas (una separación, asuntos relacionados con el trabajo o la llegada de un hijo), sentimos la necesidad de cambiar alguna característica de nuestro físico para sentirnos distintos o mejor. No hay nada de malo en ello siempre que se corresponda a lo que queramos transmitir y no suponga tan solo algo a corto plazo.

El gremio de peluqueros me va a perdonar, pero en clase siempre comento que lo peor que podemos hacer cuando nos da un bajón o tenemos la necesidad de cambiar algo en nuestro físico es ir a la peluquería y decir la siguiente sentencia: «Hazme lo que quieras». Y, por supuesto, no es que los peluqueros trabajen mal, pero les estamos dando el permiso para que hagan lo que quieran y puede ser que ese peinado no se corresponda a lo que nosotros imaginábamos... Y todos sabemos que los cambios capilares erróneos son los que más duelen. No estoy diciendo que lo hagan mal, estoy diciendo que a veces no encajan con nuestra expectativa. También es cierto que muchas veces la expectativa del cliente no es nada realista. Lo ideal para aplacar la necesidad de cambio físico es una sesión de compras, porque la ropa siempre se puede devolver, o una buena cena en buena compañía.

Nuevas tecnologías y medios de comunicación

Una vez definidos los obstáculos (la vanidad, la comparativa y el culto al error), es cierto que los medios de comunicación y las redes sociales tampoco ayudan a poder centrarnos en nosotros mismos, en nuestro propio material, y que nos bombardean con distintas expectativas, además de fomentar la comparación. Por estos canales circulan modelos, *it girls* y *boys, selfies* o la petición continua de LIKES. No debemos olvidar que detrás de esas imágenes hay mucha preparación, luz, maquillaje, filtros que contribuyen a mejorar la realidad y que, por tanto, no hay igualdad de condiciones para la comparación.

Como decía antes, la comparación es injusta ya que cada realidad y circunstancia es única. Por eso hay que volver a mirarse en el espejo, solos y valientes, para recuperar o descubrir la realidad de nuestra imagen. Hay que entender que si huimos de los espejos, que son los que nos ofrecen una fotografía de nuestra realidad, no podremos mejorar ni crecer y desarrollarnos para alcanzar nuestros objetivos. El espejo refleja la autoimagen, y también puede servir para el autoconocimiento. La clave está en saber cómo utilizarlo a diario sin caer en obsesiones. ¿Estás preparado?

EJERCICIOS PARA APRENDER A MIRARSE. FRENTE AL ESPEJO

Ejercicio 1

Antes de ponerte delante del espejo, valora sobre 10 la nota que pondrías a tu aspecto físico.
Luego rellena este pequeño cuestionario para valorar por partes la visión que tienes de tu cuerpo.

	BIEN	NI ME LO HABÍA PLANTEADO / NORMAL	NO ME GUSTA
1. Cabello			X
2. Ojos	X		
3. Nariz	X		
4. Boca	X		
5. Dientes			X
6. Rostro	X		
7. Orejas			X
8. Cuello		X	
9. Hombros			X
10. Espalda			X
11. Escote			X
12. Pecho/ Pectoral	X		
13. Brazos		X	
14. Manos		X	
15. Uñas		X	
16. Muñecas	X		
17. Cintura	X		X
18. Abdomen			
19. Cadera	X		
20. Glúteos	X		
21. Muslos			X
22. Rodillas			X
23. Gemelos		X	
24. Tobillos		X	
25. Pies	4		
TOTAL	40	24	9

73

También puedes hacer una evaluación con nota en este cuestionario.

Cada parte de la columna 1 vale 4 puntos.

Cada parte de la columna 2 vale 3 puntos.

Cada parte de la columna 3 vale 1 punto.

Si sumas todo te saldrá una nota sobre 100. Esa será tu valoración corporal.

Si sale menos de lo que pensabas, no estás sacando el partido a las partes que se encuentran en la columna 2, y en ellas debes centrarte. Por lo tanto, vamos a prestar atención a aquellas partes que consideras normales o que ni te habías fijado. El motivo es que no habías centrado nunca tu atención ahí y, por lo tanto, no sabías que tenías ese potencial. Así que son partes de las que puedes sacar partido y cuya percepción puedes convertir en positiva.

Si te sale más de lo que pensabas, es que debes trabajar sobre la aceptación global de tu aspecto, ya que, como puedes ver, es positiva.

Ejercicio 2

Te pones delante del espejo (la primera vez no hace falta que estés en ropa interior, vamos poco a poco) y empiezas a describirte de manera objetiva de la cabeza a los pies. No puedes juzgar lo que ves ni criticar ni comparar. Tienes que buscar una descripción neutra. No vayas rápido y detente en todos los detalles, mírate como si te estuvieras descubriendo por primera vez. Te pongo varios ejemplos: «Tengo el cabello largo, rizado y fino. El color es rubio», «Mis cejas son finas y horizontales», «Mis ojos son de color marrón y un poco caídos», «Tengo la cintura recta», «Mis caderas son ligeramente sinuosas»...

Y sigo así con mi descripción neutra evitando utilizar un lenguaje agresivo y duro. Nada de comentarios como: «Parezco una ballena», «Mis rodillas son lo peor», «Mi mirada es la de un perro apaleado», «Tengo los pechos como peras flácidas»... Todos estos comentarios no son fruto de mi imaginación, los he podido oír en la consulta.

De esta manera vas a aprender a hablarte bien y a descubrir que, cuando te observas frente al espejo y limpias tu mirada de crítica, miedo y vanidad, y no te comparas con los demás, lo que ves no está tan mal como creías. De este modo, no permitirás que los demás te hablen mal.

El japonés Masaru Emoto ha realizado experimentos sobre el efecto de las ideas, las palabras y la música sobre las moléculas de agua. Sus trabajos (no exentos de polémica*) han demostrado que dependiendo de cómo le hablamos o qué emoción transmitimos al agua, esta la refleja y se transforma o en un bello cristal o en una molécula de agua amorfa. ¿Qué tiene que ver esto con nuestro cuerpo? Pues si consideramos que nuestro cuerpo está compuesto por un 75 por ciento de agua, puede ser que la manera en la que nos hablemos pueda hacer más o menos bello nuestro cuerpo a nuestra propia mirada.

Hay otra teoría, la de las neuronas espejo. Estas son las responsables de la empatía con los demás y del aprendizaje por imitación, intervienen en el desarrollo del lenguaje y nos facilitan e impulsan a vivir en sociedad o en grupos. Además, las neuronas espejo facilitan las conductas prosociales. Pero ¿podemos sentir empatía con nosotros mismos? Deepak Chopra, en sus artículos sobre diálogos internos, dice que nuestras células reflejan la realidad en la que creemos. Así

---

* Emoto ha recibido críticas por no aplicar suficientes controles a sus experimentos y por no compartir suficientes detalles con la comunidad científica.

que si cada día me repito frases duras y negativas sobre mí mismo, lo más probable es que vayan apareciendo esas características negativas, que quizá ni siquiera existían antes. Cuando me hablo mal le doy la orden a mis células de convertirse en ello.

Tu cuerpo es lo único que poseerás de verdad. Es lo único tuyo..., ¿no crees que se merece que le hables y lo trates bien?

Conclusión final

Hay que aprender a mirarse en el espejo y saber detectar las partes positivas de nuestro físico. Estas acciones son herramientas muy potentes. Si aprendemos a mirarnos objetivamente, podremos mejorar. Es importante saber cómo hablar a nuestro cuerpo, cómo observarnos. También localizar los obstáculos que podemos encontrar: la vanidad, el compararnos con los demás o caer en el culto al error. Estos además se agravan con la influencia de los medios de comunicación y las redes sociales. Hay que aprender a mirarse al espejo y ser capaz de ver nuestra realidad.

4
La iconología de la imagen

La iconología de la imagen es una disciplina asociada a la historia del arte, la estética y la comunicación, y sitúa las obras que estudia y analiza en una perspectiva social e histórica. Erwin Panofsky, un historiador del arte y ensayista alemán, desarrolló esta técnica en su libro más conocido, *Estudios sobre iconología*, basando el análisis de las obras en tres fases:

—*La lectura*, que consiste en describir todos los elementos que vemos.

—*La interpretación*, que dice por qué cada personaje u objeto es lo que es. Es decir, se explica la historia que se está contando, el significado.

—*La penetración*, es decir, cómo nos impacta el contenido de la obra y cómo se lee la expresión de valores en ella.

Aplicado a personas, la iconología de la imagen es una técnica que nos permite analizar las percepciones emocionales si se tiene en cuenta una representación gráfica de líneas, formas y volúmenes que se aplican a las características físicas, al movimiento y al sonido de las personas. Estas líneas se pueden representar con figuras y dibujos y se perciben principalmente con el sentido de la vista y a través del movimiento de los cuerpos.

Cuando hablamos de la imagen transmitida o de la primera impresión, la gente cree que es una percepción subjetiva y que depende de la persona que te está mirando. La verdad es que no lo es. Siempre explico que la imagen transmitida es la misma para todos solo que en diferentes grados. Si tú transmites seriedad, todos te verán serio. Lo único es que algunos te sentirán más serio y otros, menos. La única parte subjetiva que se puede aplicar a este primer impacto es si te gusta o no la seriedad que ves.

A lo que me refiero es que el conjunto de tu imagen funciona en la mente ajena con el proceso clásico de comunicación, es decir, funciona como un mensaje que enviamos a los demás y que ellos descodifican.

A menudo las personas emiten mensajes no definidos que dificultan la comunicación con los demás y lo que transmiten es una imagen externa que no corresponde con lo que realmente son. El asesor de imagen se encarga de analizar los códigos emitidos y de adecuarlos al mensaje que se quiere enviar. De esta manera, el receptor obtiene la información que queremos que reciba. El proceso parece algo engorroso, pero voy a intentar simplificarlo al máximo para que puedas aplicártelo y así entender cómo comunicas también con tu imagen.

Significados iconológicos: un mapa de códigos

La percepción de los códigos es siempre una experiencia sensorial que recibimos a través de los sentidos: vista, oído, olfato, gusto y tacto. Y estos códigos estructuran los procesos mentales del juicio sobre la imagen personal. De todos los sentidos, en cuanto a la primera impresión se refiere, la vista es el que tiene más peso sobre el juicio de la imagen. Por eso, y ya lo he comentado anteriormente, la mente confunde el ver con el ser.

Me acepto con todas mis cualidades

A continuación voy a tratar de construir un sencillo mapa de códigos donde podáis entender el significado iconológico de las líneas, los volúmenes, la velocidad y el tono que percibimos en los otros o en nosotros mismos.

El significado iconológico de las líneas

———— Línea horizontal	| Línea vertical
\ Línea oblicua	Línea sinuosa
Línea ondulada o redondeada	Línea quebrada

Las líneas trasmiten cualidades que están relacionadas con la actividad y la acción. Es importante que cuando veas estas líneas no pienses en lo que pueden significar, sino en la emoción que te crean. Recuerda cuando en el capítulo 1 («La primera impresión») te hablé sobre las expectativas visuales *versus* los estereotipos.

La línea horizontal nos parece estática y estable por la continuidad de los puntos de apoyo y, por eso, aporta las cualidades de seguridad, estabilidad, masculinidad, serenidad, rigidez y eficacia.

La línea vertical nos puede parecer poco estable por su base estrecha, así que puede emitir las cualidades de fragilidad, liviandad y elegancia, pero si la base es algo más ancha también se percibirá rigidez y seriedad. Es curioso que cuando vemos a alguien serio solemos emplear la siguiente expresión: «Vaya cara de palo», pues intuimos que tiene que ver con esta línea.

La línea oblicua, si te fijas, no tiene un punto de apoyo muy determinado y parece inestable; además, es una línea dinámica, ya que tiene varios sentidos de lectura: arriba/abajo, izquierda/derecha. Esta línea aporta las cualidades de inestabilidad, dinamismo, movilidad, versatilidad y jovialidad.

La línea sinuosa se percibe como una línea flexible y adaptable. Aporta las cualidades de comodidad, cercanía, feminidad y dulzura.

La línea ondulada o *redondeada* es como una línea inestable y también dinámica; aporta las cualidades de accesibilidad, excesiva y abrumadora.

La línea quebrada se siente inestable y agresiva por los ángulos que dibuja. Las cualidades transmitidas son dureza, agresividad, inestabilidad y contundencia.

Direccionalidad de las líneas

Además del significado propio de cada línea, en algunas características se puede aplicar la direccionalidad, lo que le aporta otra cualidad. La línea descendente aporta la sensación de languidez, cansancio, tristeza y pasividad.

La línea ascendente emite energía y dinamismo, pero en el caso del rostro, si el mentón está elevado, puede dar la sensación de altivez o prepotencia. En este caso hay muchas personas que no son conscientes de la postura de su rostro y sin querer pueden parecer altivas. Por lo que yo he podido comprobar, si no existe realmente altivez, esta postura se puede dar por varias razones:
— las personas que son bajitas para parecer más altas,
— las personas que no oyen bien para percibir mejor los sonidos,
— cuando quieres disimular la papada para que tu cuello resulte más estirado,
— o por un tema postural.

Cuando una persona tiene una postura de avance hacia el otro, emite estabilidad, continuidad y armonía. Cuando la postura es de retroceso, las connotaciones son negativas, de distancia y no implicación.

El significado iconológico de los volúmenes

En este apartado, cuando hablo de volúmenes, me estoy refiriendo a tamaño. Porque, como explicaré más adelante, el volumen no solo tiene que ver con una persona en sí misma (el tamaño), sino también con el espacio que ocupa. Y si estoy fijándome en el sonido, lo que tengo en cuenta es si habla alto y fuerte o bajo y débil.

El volumen grande aportará las cualidades de poder, autoridad, contundencia y, si es muy grande, chulería o agresividad. Un volumen corporal estático grande aportará de entrada una sensación de distancia, contundencia y autoridad. Para que lo entiendas mejor: si te colocas delante de un poste de electricidad muy alto, ¿vas a mirarlo de cerca o te vas a ir alejando para verlo de lejos y apreciarlo mejor? En general, nos solemos alejar. Y justamente por eso a las personas que son más altas de la media de entrada las podemos percibir como distantes. Esta también es una de las razones por la que las personas altas en determinados momentos suelen encorvarse, para adaptarse al medio en el que están y también para no crear esa sensación de distancia. Pero no funciona.

Si eres alto debes asumir que en un principio las personas más bajas que tú no tomarán la iniciativa de acercarse. Así que si quieres parecer más cercano o no transmitir esa sensación de distanciamiento en según qué situaciones debes tomar la iniciativa de la interactuación.

Yo tenía una clienta que medía 1,87 metros y que, claro, llamaba mucho la atención. Me vino a ver porque tenía la autoestima muy baja y quería saber cómo podía verse más atractiva. Me contaba que ella salía, pero que no se le acercaba nadie a intentar ligar, y esto le hizo pensar que no era atractiva. Lo único que pasaba es que su altura creaba una sensación de distancia, y en el fondo nadie se atrevía a aproximarse a ella, no tenía nada que ver con el hecho de ser guapa o no. Este dato la tranquilizó mucho y se dio cuenta de que era verdad, que cuando entraba en un trabajo nuevo también le pasaba, pero que, como en esa situación tenía que comunicarse a la fuerza, no le había dado la misma importancia que le daba en su vida social.

Así que, una vez asumido que su atractivo físico no tenía nada que ver con el hecho de que no ligase, le propuse dos alternativas para solucionar este primer impacto de distancia:

— Tomar ella la iniciativa a la hora de ligar, aunque con el riesgo de que, al acercarse al susodicho, este se fijara más en la altura que en ella.

— Quedarse sentada en la barra y ligar desde la distancia. Así, una vez que el elegido se acercara y hablase con ella, la altura no sería un obstáculo visual. De esta manera se prioriza a la persona y no su característica física. A partir de este momento ya puede levantarse de la barra.

En cambio, el volumen más pequeño aporta las cualidades de ternura, accesibilidad, cercanía. ¿Eso significa que las personas más bajitas pueden tener menos credibilidad? Fíjate que los más terribles dictadores no eran muy altos... Por lo tanto, no es una cuestión de más o menos credibilidad, pero si eres pequeño puedes parecer más amigable que creíble en primera instancia.

Y muchas veces a las personas más bajitas o con volumen pequeño les cuesta más que les hagan caso. Ten en cuenta que, si estás en esta categoría y quieres imponerte, tendrás que asumir que proyectas un punto más amigable. Deberás usar, por tanto, más tus aptitudes y expresiones para crear una imagen más presente, más contundente. Y aquí, cuidado, no te pases... No quieras compensar tu volumen corporal con mal carácter.

Es curioso, pero cuando conocemos a alguien con una imagen distante y resulta que es simpático, nos sentimos aliviados. Sin embargo, cuando es al revés, es decir, si conocemos a alguien con una imagen más amigable o achuchable y resulta que tiene mal carácter, ¡nos sentimos traicionados!

El significado iconológico de la velocidad

La velocidad se puede aplicar tanto al movimiento del cuerpo como al sonido. Todos los ritmos rápidos se asocian a la línea oblicua: jovialidad, dinamismo, efectividad. Si una persona habla rápido, suponemos que sabe de lo que habla; por tanto, resulta más persuasiva. Sin embargo, si nos vamos al extremo y aceleras tanto el movimiento como la voz, entonces se va a acelerar tu mente y la mente de la persona que te escucha, lo que termina generando estrés, y por lo tanto una sensación de poca credibilidad. Cuando usamos una velocidad media o baja estamos transmitiendo los valores de la línea horizontal. Tranquilidad, seguridad y credibilidad. Además, si hablas despacio los que te escuchan lo harán con más atención. Pero si te pasas de lento, puedes llegar al extremo de aburrir a tu interlocutor o transmitirás la sensación de la línea descendente. Languidez, tristeza o falta de interés.

El significado iconológico del tono

Un tono bajo o grave está asociado con la autoridad, la credibilidad y el poder como la línea horizontal. Según parece, un tono de voz más profundo de lo normal no solo tiene efectos terapéuticos sobre quien lo escucha, sino que también genera empatía. No sé si haces yoga, pero ¿te imaginas que el instructor usara un tono agudo? Sería más difícil que te relajaras, ¿verdad? Como todo, un tono muy grave también puede ser percibido como monótono y aburrido.

Un tono de voz agudo aporta, como la línea oblicua, energía, cercanía, jovialidad y dinamismo. En cambio, si es excesivamente agudo, puede generar una sensación de nerviosismo y agresividad auditiva que podemos comparar con la línea quebrada.

Las personas podemos modificar el tono de voz para transmitir información sobre las emociones. Para entender mejor esta afirmación, me gusta la descripción que hace María Soledad Cabrelles Sagredo, doctora en Filosofía y Ciencias de la Educación, en un artículo que puede consultarse en Internet*. Para ella, si se quiere transmitir tristeza, se emplea un tono grave, de contorno plano y tempo lento. Si lo que se pretende emitir con la voz es cariño, el tono es alto, con inflexiones suaves y bien moduladas, en tempo medio. Cuando emitimos miedo, nos puede salir un tono bajo, de contorno monótono y tempo lento. Y si transmitimos sorpresa en el tono, este es alto, de contorno variado, intensidad media y un tempo lento. Para la cólera, el tono es alto, de contorno con inflexiones bruscas, intensidad fuerte y un tempo rápido. Y el orgullo necesita un tono agudo, de intensidad fuerte y tempo reposado. Si estamos sobrecogidos y los transmitimos mediante el tono, este será grave, de contorno monótono y tempo lento.

---

* «La influencia de las emociones en el sonido de la voz». [http://www.cervantesvirtual.com/obra-visor/la-influencia-de-las-emociones-en-el-sonido-de-la-voz/html/].

Cómo identificar los códigos

Una vez entendido el significado de los códigos, podemos pasar a identificar dónde se sitúan. Para ello existen tres fases de análisis:
—Las características físicas.
—El movimiento.
—El sonido.

Las características físicas

El primer paso del análisis de la imagen es detectar las características que nos definen físicamente. Estas características físicas están compuestas de líneas, formas, volúmenes y colores. Es cierto que parece algo abstracto, pero te aseguro que es la manera de entender la imagen de manera objetiva. ¿Dónde percibimos estas líneas, formas, colores y volúmenes en un cuerpo?

En la imagen externa de una persona nos fijamos en sus rasgos faciales (cejas, ojos, nariz, mandíbula, labios, pómulos), en el pelo, en su cuerpo y en otros elementos externos como puede ser la indumentaria, los complementos o el maquillaje. Pero también en la primera impresión nos llama la atención la expresión de esa persona, es decir, la postura, cómo camina o gesticula, su voz y la expresión de su rostro.

Una vez detectadas las características físicas y de qué líneas, formas, volúmenes y colores están compuestas, podemos identificar con qué cualidad se corresponde y así determinar globalmente cuál es la primera impresión que transmitimos.

Está claro que lo difícil de este análisis es que somos una mezcla de varias líneas, formas, volúmenes y colores, y no siempre es un proceso sencillo. Además, esa imagen es evolutiva: no nos vestimos todos los días igual ni vivimos las mismas situaciones o nos movemos en los mismos contextos. Tengo muchos clientes que me explican que ellos no son la misma persona en su ámbito laboral, durante los fines de semana o cuando salen de fiesta. Es cierto que en estos contextos diferentes, nuestra indumentaria, maquillaje o cabello pueden variar, incluso a veces cambian la postura y la actitud. Todo esto hace que la imagen transmitida pueda ser modificada, pero el sostén que es nuestro cuerpo no cambia. En el fondo, lo que transmitimos se basa en la estructura del cuerpo, y los elementos externos pueden potenciar la misma imagen o neutralizarla.

Piensa un poco: ¿cuando estás trabajando o estás de fin de semana, tu mandíbula cambia? ¿Eres más alta o estás más delgado? Pues no. Entonces si partimos de la base de que mi imagen corporal transmite, en general, cercanía, en los otros ámbitos proyectaré también cercanía, aunque en diferentes grados.

Como punto de partida inicial podemos determinar cuáles son las características dominantes, es decir, aquellas que perciben los demás cuando me ven. Recuerda que una cualidad es aquella propiedad o circunstancia que nos distingue de los demás, no es ni negativa ni positiva. Solo define mis características físicas.

El movimiento

La expresión transmite cualidades que tienen que ver con nuestra forma de actuar. En iconología observamos varios elementos como la gesticulación. La gesticulación se produce como consecuencia de la expresión oral y la expresión oral se puede reforzar con la gesticulación. Dibujamos líneas con nuestra gesticulación que emitirán códigos que pueden o no reforzar la imagen transmitida.

Es cierto que el habla y la gestualidad van unidos, y si detecto que tengo una modulación o volumen de voz muy fuerte, la puedo trabajar mediante el control de la gesticulación.

Cuando hablamos y gesticulamos lo hacemos con la misma velocidad y describiendo la misma linealidad o modulación de sonido que de movimiento. Si una persona está enfadada y le tiembla la voz, lo más probable es que sus manos tiemblen o si su voz es enérgica, lo más seguro es que sus manos se muevan enérgicamente y tenga los dedos tensos.

El movimiento de traslación es la manera en que caminas. Se percibe un volumen en la manera de caminar, en ese movimiento cotidiano, que tiene una representación gráfica determinada. Y esto es porque el cuerpo cuando va caminando ocupa un espacio que va cambiando conforme se va moviendo y además va dibujando unas líneas. Hay personas que caminan muy rectas, otras de manera más sinuosa. Es importante observar este punto porque, como todo lo demás, influye en tu imagen.

Otra de las características importantes es la velocidad del movimiento. La velocidad se percibe de una manera muy evidente y además puede tener la capacidad de distorsionar lo que uno quiere transmitir. Por ejemplo, por tus características físicas puedes transmitir seriedad, pero si tu movimiento es rápido y veloz, puedes estar emitiendo una sensación de nerviosismo.

El sonido

Lo último que vamos a valorar es el sonido y lo haremos a continuación teniendo en cuenta varios elementos. Primero, la modulación del habla que se refiere a la línea que dibuja nuestro sonido. La modulación de una voz se puede transcribir en un pentagrama en el cual podemos ver representado cada fonema. Una línea figurada que uniese cada punto con el siguiente trazaría una línea que podría ser recta o curva, quebrada u ondulada y determinaría la imagen transmitida. Por eso cuando oímos a alguien por teléfono o en la radio y no tenemos la representación física delante de los ojos, nos lo imaginamos. Las líneas que percibimos en su modulación las aplicamos a un posible físico con las mismas características físicas. Existen unos parámetros comunes: al expresar enfado o ira se transmiten las emociones mediante líneas quebradas y para comunicar ternura se transmiten con líneas onduladas o curvas. También su linealidad se puede vincular a un idioma o algún acento.

Los otros elementos que hay que tener en cuenta son la velocidad con la que hablamos, que equivale a la rapidez o lentitud de la expresión, y el volumen de voz que usamos.

En busca de tus características físicas, tu movimiento y tu sonido

Como sé que identificar la imagen transmitida no es un proceso fácil, incorporo unos cuadros que te pueden servir de ayuda. Siempre le puedes pedir a alguien que te eche una mano para ser más objetivo. Rellena cada cuadro poco a poco y con objetividad. Al final podrás determinar cuáles son tus cualidades físicas dominantes. Si no sabes valorar todos los aspectos o algunos no te definen, no importa. No es necesario contestar a todo.

Volumen corporal

		GRANDE	MEDIO	PEQUEÑO
CORPORAL	Estático			
	Dinámico			

En este apartado vamos a valorar cuál es tu tamaño corporal. Lo primero es saber cuál es tu volumen corporal estático y dinámico. El volumen corporal estático es el espacio que ocupa tu cuerpo sin moverte. Tiene que ver con la altura. Estos serían aproximadamente los valores: grande (de 175 centímetros), medio (entre 165 y 175 centímetros) y pequeño (menos de 165 centímetros).

El volumen corporal dinámico es el espacio que ocupa tu cuerpo cuando te mueves. Para valorarlo piensa si cuando hablas ocupas tan solo tu espacio corporal (es lo más habitual, y si ni te lo habías planteado es posible que estés en esta categoría), menos que tu espacio corporal (sueles tener poco movimiento corporal, con gestos pequeños. Esto puede pasar si eres una persona discreta o tímida) o más que tu espacio corporal (eres muy expresivo y haces gestos grandes).

Si te sitúas en el volumen medio, tu imagen no dependerá del volumen corporal, sino del resto de características.

Para crear una imagen coherente, tu volumen estático y dinámico deberían estar en la misma categoría. Si tu volumen dinámico es menor que tu volumen estático, las cualidades que más potencias son las de la timidez, la inseguridad o la fragilidad. Si tu volumen dinámico es mayor que tu volumen estático, las cualidades proyectadas serán las de dinamismo, extroversión o seguridad.

Resultado 1. Detecta cuál es tu tamaño corporal y cuál es la primera sensación que transmite según el significado iconológico del volumen.

Líneas

En este apartado vamos a valorar cuáles son las líneas dominantes en tu físico, es decir, en tu cabello, tu rostro o tu cuerpo. También se va a tener en cuenta las características externas para estudiar estas líneas (el vestuario o el maquillaje). Para eso hay que rellenar el cuadro que te facilito a continuación. Puede ser que tengas una mezcla de dos líneas, así que no hay problema en marcar dos casillas. Primero puedes valorar el tipo de línea que define tu característica física, y luego señalar su direccionalidad (ascendente o descendente)

	VERTICAL	HORIZONTAL	QUEBRADA	OBLICUA	SINUOSA	ONDULADA	Ascendente	Descendente
Cuerpo								
Cabello							ND	ND
Rostro							ND	ND
Facciones								
Óptica								
Maquillaje								
Vestuario							ND	ND
TOTAL								

Una vez marcadas las casillas correspondientes, tienes que hacer un recuento de totales.

Pautas para descubrir tus líneas

Cuerpo. Para saber qué linealidad tiene tu cuerpo, tienes que observar lo siguiente: si tienes un cuerpo más bien estrecho, sin muchas formas, marca la casilla de la línea vertical. Si tu espalda es más bien ancha, lo normal es señalar la casilla de la línea horizontal. Por ejemplo, si eres delgado, pero con los huesos marcados, la línea que te define es la quebrada. Si tienes un cuerpo con curvas (no tengas en cuenta tu peso), con formas marcadas, tu línea predominante es la sinuosa. Y si eres voluptuoso o redondeado, la línea que debes marcar es la ondulada.

Una vez que tienes clara la línea que define tu cuerpo, valora tu postura corporal: si es erguida, marca la línea ascendente; y si eres una persona que suele ir encorvada, señala la casilla de la línea descendente.

Cabello. Es cierto que cambiamos a veces de peinado y de esta manera se varía ligeramente la imagen transmitida, pero piensa para poder contestar cuál es el peinado o corte que llevas más habitualmente. Para saber qué linealidad tiene tu pelo, ten en cuenta estas pautas: si tienes el cabello liso, tu línea es vertical. Si llevas un flequillo marcado, tu línea es horizontal. Si te arriesgas con crestas, tupés, pelo pincho o cortes muy desfilados, tu línea es quebrada. Si tu corte de pelo es asimétrico y marcado, la línea es oblicua. Si tu pelo es ondulado, de rizo largo, la línea que te corresponde es la sinuosa. Y si tu pelo es totalmente rizado, la línea es ondulada.

Rostro. Determinar el tipo de rostro siempre es difícil, porque confundimos la forma del rostro con las facciones, y son dos elementos distintos. Para poder determinar la linealidad de tu rostro, fíjate solo en el contorno (sien, pómulo y mandíbula) y si lo tienes más bien largo, proporcionado o corto. A un rostro largo con la sien algo más hundida y en el que la mandíbula no está muy marcada le corresponde la línea vertical. Cuando la mandíbula tiene mucha presencia, independientemente de la longitud, la línea que predomina es la horizontal. Cuando el pómulo está muy marcado, la línea que hay que marcar es la quebrada. Si el mentón es puntiagudo, le corresponde la línea oblicua. Si en un rostro ningún elemento destaca más que otro, la línea que define es la sinuosa. Y para los rostros redondos, la línea que hay que marcar es la ondulada.

También puedes fijarte en la postura de tu rostro; si lo inclinas ligeramente hacia abajo, marca la casilla de la línea descendente. Si por el contrario levantas el rostro, señala la ascendente.

Facciones. Para valorar las facciones lo primero que hay que observar es si alguna destaca mucho más que las otras, por ejemplo, unas cejas muy marcadas, una nariz aguileña, unos labios muy carnosos... o cualquier otro elemento. Esta característica más marcada puede definir la linealidad de tus facciones, Y entonces, según la línea predominante, puedes rellenar el cuadro. Si en cambio no destaca ninguna facción, fíjate en su conjunto, a ver con qué líneas se puede identificar. Recuerda que pueden ser varias.

No existe un prototipo de la buena imagen

Otro elemento que valorar es si tus facciones, sobre todo los ojos y la boca, son ascendentes o descendentes para marcar la casilla de direccionalidad. Si no es significativo, no lo marques.

Óptica. Este apartado solo es relevante si llevas gafas casi siempre. Las gafas de sol o las gafas que nos ponemos puntualmente no definen tu imagen de manera significativa. Según la forma de las gafas, destaca una línea. Las gafas rectangulares, la línea vertical; las gafas cuadradas, la línea horizontal; a las gafas triangulares, si están muy marcados los ángulos, tipo las que llevaría la señorita Rottenmeier, les correspondería la línea quebrada, si no la línea oblicua; las gafas ovaladas, la línea sinuosa; y a las gafas redondeadas, la línea ondulada.

Maquillaje. ¡Chicos, no os saltéis esta parte! Dentro de este apartado del maquillaje incluyo las barbas y las patillas, así que prestad atención.

Si hablamos del maquillaje clásico, solo ten en cuenta estas palabras si habitualmente te sueles maquillar y cuando lo haces se nota. Me refiero no a si empleas un maquillaje suave, sino que, por ejemplo, remarcas el ojo con *eyeliner* y se nota, o llevas los labios de colores fuertes. Solo así tiene realmente un significado visual. Si es así, fíjate en qué tipo de línea es y marca la casilla correspondiente.

Para las barbas es importante observar si dibujan un tipo de línea marcada. Existen barbas más redondas o con los bordes más marcados y horizontales. Los bigotes también dibujan líneas y puedes marcar la línea correspondiente.

Vestuario. Aquí sí que es más complicado valorarlo porque, claro, nos vestimos con casi todas las líneas, pero recuerda que puedes marcar varias casillas. Tú solo piensa si en general sueles llevar: prendas de líneas muy sobrias con pocos complementos (línea vertical); prendas muy estructuradas en los hombros, tipo americanas (línea horizontal); prendas extremas con tachuelas y asimetrías (quebrada u oblicua, dependiendo de si son muy agresivas o solo asimétricas); prendas de punto, piezas con movimientos y caída (línea sinuosa), o prendas con volúmenes grandes como jerséis amplios, prendas *oversize*, volantes (línea redondeada).

Resultado 2. Cuando hagas el recuento de las características, la mayor puntuación para una línea te marcará la cualidad que más transmites, por ejemplo:

	VERTICAL	HORIZONTAL	QUEBRADA	OBLICUA	SINUOSA	ONDULADA	Ascendente	Descendente
TOTAL	3	1			3			2

En función del significado iconológico de las líneas puedes detectar cuál es la cualidad que domina en tu resultado de características físicas.

Expresión

Aquí valoras cómo es tu comunicación verbal y no verbal.

Velocidad

	GRANDE	MEDIA	BAJA
Movimiento de traslación: cómo es tu velocidad cuando caminas			
Movimiento de gesticulación: tu velocidad de gesticulación			
Velocidad del habla			

Resultado 3. En cuanto al significado iconológico de velocidad ¿cuál sería tu imagen transmitida? Si marcas la casilla de «media», es que tu velocidad no influye en la imagen transmitida.

Líneas del movimiento

En este cuadro señalo qué líneas dibuja cada uno de tus movimientos.

	VERTICAL	HORIZONTAL	QUEBRADA	OBLICUA	SINUOSA	ONDULADA
Traslación: cuando caminas						
Gesticulación: cuando gesticulas						
Modulación: cuando hablas						

Resultado 4. En función del significado iconológico de las líneas, puedes detectar cuál es la cualidad que domina en tu resultado de líneas de expresión verbal y no verbal.

Sonido

	AGUDO	MEDIO	GRAVE
Tono			

Resultado 5. Según el significado iconológico del tono que transmite tu voz.

Si marcas la casilla de «media», es que tu tono no influye en la imagen transmitida.

Contabilidad de resultados

RESULTADOS	CUALIDADES DOMINANTES
1	
2	
3	
4	
5	

En este recuadro final apunta cuáles son las cualidades resultantes de cada apartado y tendrás una radiografía de la imagen que transmites.

Conclusión final

Aplicado a personas, la iconología de la imagen es una técnica que nos permite analizar las percepciones emocionales si se tiene en cuenta una representación gráfica de líneas, formas y volúmenes que se aplican a las características físicas, al movimiento y a los sonidos de las personas. El conjunto de nuestra imagen funciona en la mente ajena con el proceso clásico de comunicación, es decir, funciona como un mensaje que enviamos a los demás y que ellos descodifican.

El asesor de imagen se encarga de analizar los códigos emitidos y de adecuarlos al mensaje que se quiere enviar. De esta manera, el receptor obtiene la información que queremos que reciba. El proceso parece algo engorroso, pero el secreto está en crear un mapa de códigos y saber leerlo. Identificar así el significado iconológico de las líneas, los volúmenes, la velocidad y el tono que todos percibimos en los otros o en nosotros mismos. Esos códigos pueden leerse en nuestras características físicas, en nuestro movimiento y en nuestro sonido. Es importante identificar nuestro propio mapa para a partir de ahí empezar a trabajar en la imagen que realmente queremos transmitir.

5
La importancia del color

La teoría del color aporta un grupo de reglas básicas sobre la mezcla de colores para conseguir un efecto deseado, combinando luz o pigmento. Los profesionales de la imagen nos fijamos en los tres colores primarios (cian, magenta y amarillo), que además mezclados producen el color negro, para alcanzar unos determinados objetivos. Con la mezcla y probando distintas combinaciones conseguimos crear toda la paleta. Y es que los colores tienen su propio lenguaje, su dinámica, y son otra herramienta que podemos emplear para mejorar o potenciar nuestra imagen.

Encontraremos los antecedentes de esta forma de trabajar en el creador de *Fausto,* Johann Wolfgang von Goethe (1749-1832). En su libro *Zur Farbenlehre (Teoría de los colores),* escrito en 1810, el escritor centra sus estudios en el color desde la percepción humana. Estudió y probó las modificaciones fisiológicas y psicológicas que el ser humano sufre ante la exposición a los diferentes colores, y su investigación fue la piedra angular de la actual psicología del color.

Para ello desarrolló un triángulo con los tres colores primarios y tuvo en cuenta este triángulo como un diagrama de la mente humana; de esta manera relacionó cada color con ciertas emociones.

Si cuidas el envoltorio, el interior parecerá más hermoso

Para mí existen tres usos básicos de los colores: primero, el impacto que provocan a nivel iconológico, que nos ayuda a potenciar la imagen que queremos tener en cada momento. Segundo, las modificaciones emocionales que puede implicar el uso de ciertos colores en nuestro estado de ánimo. Para que me entiendas mejor, fíjate, por ejemplo, en los días que no nos despertamos de buen humor o en esa jornada que sabemos que será complicada, inmediatamente buscamos en nuestro armario las prendas con menos visibilidad posible. Y esto incide directamente sobre nuestra energía. Es más difícil que te suba el ánimo si cuando te miras en los escaparates ni te ves... Así que te recomiendo que, dependiendo del estado de ánimo en el que te encuentres, o te quieras encontrar, te pongas alguna prenda del color correspondiente a esa emoción. Y tercero, y último, las implicaciones que los colores tienen en la belleza. No sé si alguna vez te habrá ocurrido algo parecido a esto: te invitan a un evento y te compras una prenda expresamente para acudir a él, ¿no te ha pasado que cuando llegas, las personas se te acercan y te preguntan si te encuentras bien? Pues eso seguramente ocurre porque no has escogido el mejor color para tu tipo de rostro.

A lo largo de este capítulo no solo ampliaré las aportaciones de Goethe a la psicología del color, sino que también expondré los usos básicos de los colores y todos los secretos que puedo compartir para que realmente repercutan en la imagen que quieres proyectar.

Cómo funcionan los colores

Para poder entender bien esa «percepción subjetiva» de los colores, hay que tener en cuenta varios aspectos y matices que van a permitirnos emprender mejor nuestro trabajo con ellos. Cada color tiene una temperatura y una intensidad y la mezcla de ambos aspectos provoca unas sensaciones. Y no podemos olvidar tampoco la existencia de los colores neutros y sus aportaciones.

Las temperaturas

En imagen la primera categorización de colores que hacemos es por temperaturas. Dividimos los colores en distintas temperaturas según la cantidad de pigmento cian o amarillo que contengan.

Los colores fríos son aquellos que en su composición contienen más pigmento azul. Los cálidos son los que en su composición contienen más pigmento amarillo.

El magenta en este caso no aporta noción de temperatura, solo ayuda a la mezcla de colores. Todos los que surgen de la mezcla de cian y magenta son fríos: granate, violetas, azulones, malvas, rosas. Y los que surgen de la mezcla de amarillo y magenta son cálidos: naranjas, marrones, salmones. Así que la temperatura de los colores con magenta siempre dependerá del pigmento con el que se mezcle.

¿Y qué pasa cuando mezclamos cian y amarillo? Que obtenemos el verde, y su temperatura depende de la cantidad de cian o amarillo que lleve. Podemos encontrar verdes más fríos o verdes más cálidos.

A nivel iconológico esto es lo que trasmiten las categorías por separado:

FRÍOS	CÁLIDOS
Seriedad	Cercanía
Seguridad	Tranquilidad
Formalidad	Informalidad

La intensidad

La segunda categorización importante que tenemos en cuenta en imagen es la intensidad del color. En este caso no miramos si los colores son fríos o cálidos, sino que observamos si son luminosos, opacos o saturados. La luminosidad y opacidad del color dependerá de la cantidad de blanco y negro que le aportemos. De esta forma, los luminosos son los que contienen más porcentaje de blanco; los opacos, los que tienen más porcentaje de negro, y los saturados, los que poseen un pigmento puro y son más visibles que los anteriores.

A nivel iconológico esto es lo que transmiten las categorías por separado:

LUMINOSOS	OPACOS	SATURADOS
Accesibilidad	Distancia	Jovialidad
Fragilidad	Eficacia	Dinamismo
Cercanía	Sobriedad	Creatividad

Pero la temperatura y las intensidades siempre van de la mano, así que aquí tienes un cuadro que te explica la imagen transmitida según la mezcla de las temperaturas y las intensidades de color:

	FRÍOS	CÁLIDOS
Luminosos	Tranquilidad/serenidad	Energía/frescura
Opacos	Seriedad/formalidad/sobriedad	Cercanía/tranquilidad
Saturados	Seguridad	Fuerza

Los neutros

Además de estos colores también existen los denominados neutros, que van desde el blanco, pasando por el *beige* hasta llegar a la escala pálida de los grises y el negro. Los neutros, tal como indica su nombre, realmente no aportan más que equilibrio en la mezcla de colores.

Es cierto, sin embargo, que en asesoría de imagen también los categorizamos por temperatura e intensidad para enmarcar la imagen transmitida: el blanco se considera siempre luminoso, pero en cambio puede ser cálido o frío dependiendo de si lleva algo de pigmento amarillo o no. El blanco roto es cálido, así que visiblemente transmitirá las cualidades de un color cálido luminoso. El blanco óptico es frío, así que visualmente transmitirá las cualidades de un color frío luminoso.

El *beige* se considera siempre un color cálido por la cantidad de amarillo que lleva, pero puede ser luminoso u opaco. El gris se considera un color frío, pero, como el *beige,* puede variar su intensidad. Es decir, se pueden encontrar grises luminosos o grises opacos. El negro es el único que siempre transmite las sensaciones de un color opaco y frío.

A nivel de estilismo, ademas de estos neutros, existe uno nuevo: el *denim.* Cuando te pones algún vaquero azul, ¿piensas en cómo puede combinar con otros colores? Normalmente no, ya que el *denim* azul combina con todo. En cuanto a significado iconológico el *denim* siempre aportará un punto de informalidad.

El significado de los colores

El color, además de aportar cualidades a nuestra imagen y ayudarnos a transmitir el mensaje adecuado, puede provocarnos muchas sensaciones, sentimientos y hasta variar el estado de ánimo. Esto lo saben muy bien las marcas y usan el color para influir sobre nuestra voluntad de compra. Como expliqué al principio del capítulo, el padre de la psicología del color fue Goethe. En su libro dio ciertas pinceladas, es decir, relacionó cada color con diferentes atributos.

Aquí encontrarás un pequeño resumen que en algún momento puedes usar para reforzar tus valores de imagen personal. Piensa que, aparte del color, la sensación visual dependerá también de su intensidad, si es más luminoso, saturado u opaco (así también tendrás en cuenta las cualidades unidas a la intensidad).

Rojo

Es el color que tiene más visibilidad. Fíjate que, cuando hay rojo, la mirada automáticamente se dirige a él. Se utiliza para llamar la atención sobre un elemento en particular y para generar una sensación de urgencia; además, es un color muy estimulante. El significado viene de su relación con el fuego y la sangre. Por ello, se suele relacionar con el peligro, el conflicto, la energía, la determinación, la fuerza, el amor y la pasión.

Sin embargo, cuesta mucho que las personas lleven el rojo. Lo guardan para una ocasión especial o un momento clave debido a su alta visibilidad. Es como que hubiera que ser valiente para llevarlo. Personalmente es un color que me parece que se usa demasiado poco y te aconsejo que cuando tengas un mal día te pongas un elemento rojo para aportarte la energía y fuerza que te falta.

En iconología de la imagen, este color sería representado por la línea quebrada.

Azul

El color azul está relacionado con el mar y el cielo, por lo que su principal significado es tranquilidad y estabilidad. Se usa frecuentemente en empresas que tienen que ver con limpieza, salud, tecnología o que quieren transmitir honradez; además, expresa otras cualidades como autoridad, calma, confidencia, dignidad, consolidación, lealtad, poder, éxito, seguridad, confianza y seriedad.

Si te fijas, en la indumentaria es el color que más se usa para transmitir formalidad y seriedad. Sobre todo, cuando hablamos de los azules más oscuros. La mayoría de trajes formales para caballeros son azul, gris oscuro o negro. Los azules más claros los puedes usar en un momento de estrés o de nervios para aportarte una sensación de tranquilidad y ayudarte a sentirte más sereno.

En iconología de la imagen, este color sería representado por la línea vertical y horizontal.

Verde

El verde es el color de las plantas sanas, así que se relaciona con el crecimiento, la serenidad, la naturaleza, la renovación, el crecimiento y el bienestar. Además, en psicología se utiliza para facilitar la conexión entre las personas y aumentar la sociabilidad.

Si te fijas, las compañías que quieren mostrar una imagen amigable con el medio ambiente lo suelen usar en sus logotipos o lo añaden cuando quieren transmitir esa conciencia ecológica. Además, genera sensaciones de frescura que usan mucho los productos mentolados o las bebidas refrescantes. En cuanto a la indumentaria aporta una imagen natural y fresca.

En iconología de la imagen, este color sería representado por la línea sinuosa o la oblicua, dependiendo de su intensidad y temperatura. Los verdes fríos o luminosos son más dinámicos visualmente y se asocian a la línea oblicua; en cambio, los verdes cálidos y opacos aportan las cualidades de la línea sinuosa.

Amarillo

El color amarillo viene definido por su relación con el sol y por eso se relaciona principalmente con el buen humor, la alegría, la positividad, la energía, y se considera que proporciona energía.

No te culpes, responsabilízate y actúa

Según la psicología del color, representa la inteligencia y estimula la creatividad, y por lo tanto se utiliza principalmente para productos de ocio, infantiles y comida. A la hora de vestir, el significado del amarillo aporta un punto desenfadado y llama la atención, sin el matiz de agresividad que tiene el rojo.

En iconología de la imagen, este color sería representado por la línea oblicua.

Naranja

Podemos relacionar algunos de los significados del naranja con los de sus colores primarios como, por ejemplo, la energía y el calor del sol (amarillo) y la intensidad agresiva del fuego (rojo).

En ocasiones se usa para estimular el apetito, por lo que es común utilizarlo en productos comestibles o en las bandejas de los restaurantes de comida rápida o de autopista. También se emplea en juguetes y en especial para un público objetivo joven. El naranja va unido a cualidades como la accesibilidad, la creatividad, el entusiasmo, la diversión, la jovialidad, la energía, la juventud...

En iconología de la imagen, este color sería representado por la línea oblicua.

Rosa

El rosa es el más sentimental y sensible de todos los colores; por lo tanto, si hablamos de sentimientos, representa el amor, el cariño, la sensibilidad y la ternura. Por todo esto, aporta felicidad, bienestar, delicadeza, suavidad y dulzura.

En la indumentaria puede ayudarte a suavizar una imagen contundente. Aunque es importante que sepas que es un color que depende de la intensidad, así que puede que no transmita suavidad. Ten en cuenta que un rosa fucsia aporta fuerza, pero no agresividad. Está claro que ese fucsia tiene más presencia que el rosa pastel.

En iconología de la imagen, el rosa sería representado por la línea sinuosa.

Púrpura

De todos los colores es el que transmite más glamour y sofisticación. Esta sensación nos viene del pasado, ya que los tintes eran difíciles de obtener, las telas teñidas de púrpura eran extremadamente costosas y su uso estaba restringido a quienes podían pagarlas. Eventualmente estas prendas adquirieron un valor simbólico, denotando nobleza y riqueza.

Actualmente el morado sigue siendo un color muy valorado en el mundo del marketing, pues representa la sofisticación, la realeza y sobre todo aporta esa sensación de ser único y especial. Además, se suele asociar al misterio, la nostalgia y la espiritualidad. Se emplea mucho para los productos antiedad o con un valor añadido diferente, precisamente por ese toque de glamour que desprende.

Cuando realizo el test de color a los clientes siempre me sorprende que el púrpura y todas sus variantes, violetas o morados, son colores que les favorecen y, sin embargo, la mayoría es muy reacia a usarlo. A veces por las connotaciones religiosas. Algún cliente me ha dicho que le recuerda a las procesiones de Semana Santa, y otros me explican que es por ese punto de diferenciación que tiene.

Es un color opulento, así que si te sientes con la autoestima baja o te enfrentas a una situación que te puede hacer sentir más pequeño, usa el púrpura y te ayudará a creértelo un poco más.

En iconología de la imagen, este color sería representado por la línea redondeada.

Marrón

El marrón es uno de los colores que menos atrae y, sin embargo, en moda se usa mucho. A pesar de que parece no gustarle a nadie, nos lo ponemos con una facilidad pasmosa. Es un color que transmite tranquilidad y calidez, y nos sentimos protegidos cuando nos lo ponemos, ya que se nos ve menos porque tiene una gran presencia en nuestro entorno y despierta múltiples asociaciones. Es el color de la madera, la tierra y el otoño. Nos recuerda a hogares resistentes, cálidos y agradables y se encuentra en alimentos como el chocolate o el café. Es un color que en situaciones incó-

Si puedes elegir
cómo quieres ser,
sé amable

modas te hará pasar más desapercibido y suavizará una imagen fuerte para hacerla accesible.

En iconología de la imagen, el marrón sería representado por la línea sinuosa.

Gris

El gris es un término medio entre el blanco y el negro y puede parecer que no tiene grandes connotaciones. Y justamente lo más interesante es que es el color neutro por excelencia, que no aporta ninguna opinión ni pista sobre lo que podamos querer decir o sentir. El gris es neutro, como Suiza. Es un color que puede aportar también sensación de tenacidad, seriedad, pragmatismo y realidad. Por eso en entornos laborales formales es muy bien aceptado.

En iconología de la imagen, el gris sería representado por la línea vertical u horizontal.

Blanco

El principal significado del blanco es pureza, inocencia y sencillez. Sus significados en la moda y en la vestimenta son bastante similares a los que comentamos anteriormente, y se utilizan para transmitir pureza, sencillez, sinceridad y transparencia. También se considera el blanco en la indumentaria un color algo elitista, ya que como se ensucia fácilmente solo lo puedes usar en contadas ocasiones. Por eso para mí es también símbolo de elegancia y distinción. Combinado con otros colores siempre aporta ese toque de frescura y sencillez a tu imagen.

Negro

El negro es uno de los pocos colores que combina bien con todos los demás, aunque es importante saber que invierte todo significado positivo que estos puedan tener. Tanto a la hora de vestir como en el diseño es atemporal y contundente y tiene presencia. Aunque posee connotaciones sociales más bien negativas, el negro, cuando se combina con otro color, también se asocia a personas inteligentes o intelectuales, como imagen de sobriedad. Por esa sobriedad justamente se asocia a la elegancia, el famoso «menos es más». En lo relativo a la belleza resalta cualquier línea de expresión y como el negro no refleja la luz, cada pliegue queda claramente destacado, por lo que usar el negro acentúa la edad.

El blanco y el negro no tienen representación de línea iconológica ya que son los colores más neutros.

Según la indumentaria que te vayas a poner, elige con cuidado los colores y piensa que: los fríos y oscuros denotan seriedad y eficacia (negros, azules marinos, grises), los cálidos denotan cercanía y tranquilidad (marrones, *beige,* teja, naranja), los pasteles transmiten suavidad y fragilidad, los rojos tienen un punto de agresividad y el blanco o el gris claro son neutros. Ten en cuenta que la mezcla de colores fuertes denota creatividad.

El color como elemento de presencia

Existen múltiples teorías del uso del color en belleza, pero con el paso del tiempo cada vez me gustan menos. Te explico, cada vez soporto menos prohibir. Y las teorías del color te dicen qué colores te favorecen más según tu rostro. Lo que me parece que hay que señalar es cuáles te potencian más ciertos rasgos o cuáles armonizan más contigo, y no centrarse en qué es lo que te favorece más. Por eso prefiero hablar del color como elemento de presencia y no de belleza.

Existen colores que por crear un contraste con tu colorimetría personal ponen en valor todas tus facciones y esto te aporta más visibilidad. También es cierto que, si tus facciones son muy marcadas de manera natural, este contraste las marcará más. Esto no es bueno ni malo, solo depende de lo que tú quieras transmitir.

En el caso contrario, encontramos colores que al no tener ningún contraste con tu colorimetría natural crean un efecto más de armonía entre el color y tú. Si no deseas tener presencia visual en alguna ocasión, y pasar más desapercibido, esto sería una buena opción.

La cuestión es poder utilizar toda la gama de colores siendo conscientes de la presencia o no que nos aportan. Es importante que entiendas que este factor solo se cumple si el color se sitúa directamente debajo del rostro. Así que solo influye en las prendas superiores o complementos grandes (pañuelos, fulares, corbatas o collares y pendientes llamativos).

Lo primero que debes hacer es identificar tu temperatura personal; tal como existen colores fríos y cálidos, las personas también somos frías o cálidas. Para ello debes fijarte en el color de tu piel, cabello y ojos. Si tienes tres o dos características de la misma temperatura, esa es la que te corresponde.

PERSONAS DE COLORIMETRÍA CÁLIDA

PIEL	OJOS	CABELLO
Beige	Marrones	Castaño
Dorada	Miel	Caoba
Mulata	Avellana	Rubio dorado
Cetrina	Pardos	Rojizo

PERSONAS DE COLORIMETRÍA FRÍA

PIEL	OJOS	CABELLO
Rosada	Negros	Rubio platino
Marfil	Azules	Ceniza
Negra	Verdes	Negro azabache
	Grises	Canoso
	Violetas	

El segundo paso es identificar cuál es tu intensidad. Con esto me refiero básicamente a lo clara u oscura que es tu piel. Esta parte es algo más difícil porque depende de si es verano y estás más bronceado o si es invierno y tu piel es más clara. Por eso también varían los colores que nos favorecen en verano o invierno. ¿No te pasa que hay colores que en verano te favorecen mucho y en invierno no? Pues eso.

Para ver qué imagen quieres transmitir con el color será cuestión de elegir los que te convengan en cada momento. Para que te sirva de guía te facilito este cuadro:

	TEMPERATURA	INTENSIDAD	
1	Contraria a la tuya	Contraria a la tuya	Consiguiendo un contraste global con lo que es tu propia temperatura e intensidad, permite que todas tus facciones estén potenciadas y que se te vea más a ti que al color que has elegido. Es una opción que te aporta la máxima presencia visual.
2	Contraria a la tuya	Igual a la tuya	Tanto con una opción como con la otra tendrás una presencia visual media. Aquí dependerá más de si el contraste creado es fuerte o no.
3	Igual a la tuya	Contraria a la tuya	
4	Igual a la tuya	Igual a la tuya	En este caso tú y el color estáis en la misma línea y te ves mimetizado con él. No es que sea una mala opción, pero recuerda que en este caso tu presencia visual es neutra.

¿Qué pasaría si te quieres poner un color que no te aporta la presencia que necesitas, pero te encanta? Como ya te he comentado antes, el color que influye en el rostro es solo el que está cerca de él. Así que puedes optar por ponerte ese color de cintura para abajo.

También puedes colocar algún complemento entre el color y tú para aportar más presencia. Un collar, un fular o una corbata.

En verano, disfruta del color porque si te bronceas un poco ya te favorecerá más y además en esta época del año estamos más felices en general y todo nos sienta mejor.

Como última opción puedes maquillarte un poco más para resaltar los rasgos que el color está apagando.

También puede pasar que si eres una persona que suele usar solo colores neutros, el hecho de atreverte con un color distinto sea de la temperatura que sea es algo positivo. No es que me parezca que usar neutros esté mal, pero variar a veces puede ser bueno para mejorar la imagen transmitida.

Conclusión final

El color es una herramienta eficaz para nuestra imagen. Los colores nos ayudan a potenciar la imagen que queremos proyectar en cada situación. También hacen hincapié en determinadas emociones o estados de ánimo. Por otra parte, pueden marcar nuestra belleza. Poseen un lenguaje propio donde hay que tener en cuenta la temperatura y la intensidad. Cada color tiene su cometido, una función, que puede repercutir en la imagen que queremos transmitir.

6
La seguridad

Una de las cualidades que más quieren transmitir mis clientes es seguridad y me piden asesoramiento sobre esta cuestión. Lo curioso es que muchos de ellos, casi la mayoría, de hecho, ya la transmiten, aunque ellos no se lo crean ni lo sientan así. Lo que suele ocurrir es que creemos que lo que sentimos en el interior se refleja en el exterior. Y muchas veces no es así.

Por eso es importante que entiendas que aunque tú te sientas inseguro es muy probable que no se te esté notando. Si te ves inseguro, además de buscar una técnica para conseguir más seguridad real, el primer paso que puedes dar es el de aplicar las características de seguridad externa. Esto te va a ayudar a sentir que llegas más fácilmente a tus objetivos y, quizá viendo otra reacción en los demás, no vas a poner en duda si lo que dices o haces tiene credibilidad a los ojos ajenos. Como dice la psicóloga social Amy Cuddy* «FAKE IT TILL YOU MAKE IT» («FÍNGELO HASTA QUE LO CONSIGAS»), y esto inevitablemen-

---

* Cuddy, A: *El poder de la presencia*, Barcelona, Urano, 2016.

te te llevará al «FAKE IT TILL YOU BECOME IT» («FÍNGE-LO HASTA QUE LO SEAS»). Parece mentira, pero cuando quieras tener presencia, trabajar la seguridad como característica te ayudará. Tener presencia significa querer estar presente, y la seguridad visual te permitirá que esto ocurra.

No transmitir seguridad no significa transmitir inseguridad. No tener una cualidad no es mostrar directamente lo opuesto, es seguramente enseñar en primera instancia otra cosa.

De hecho, cuando nos fijamos en los demás, solemos ver más fácilmente las cualidades de inseguridad que las de seguridad. ¿Y qué nos dice eso?, pues que la mayoría de las veces no percibimos a las personas como inseguras a menos que lo transmitan realmente.

Si hablamos de los signos de inseguridad más frecuentes en general, estamos hablando de una postura corporal descendente; normalmente no hay una mirada clara, no se mira a los ojos; a veces existe algún tipo de balbuceo además de algún tipo de palabra que se repite al final de la frase como: «¿me entiendes?», «¿sí?», «¿vale?»...

También se confunde asiduamente la inseguridad con estar nervioso, tener un momento de duda o tener mariposas en el estómago. Cuando vas a dar una charla, o tienes que hablar delante de un grupo de personas, puedes sentir esta sintomatología, pero en este caso es más una cuestión de nervios, no de inseguridad, son dos cosas completamente distintas.

Es importante saber que transmitir seguridad no significa ser arrogante para nada. La seguridad no es arrogancia, pues esta suele esconder mucha inseguridad. La arrogancia, por definición, es altanería, soberbia o sentimiento de superioridad ante los demás. Cuando crees en ti no te sientes amenazado y no necesitas demostrar que eres el más fuerte ni el que sabe más. Así que mostrarte seguro no te hace parecer arrogante.

La línea de seguridad. La línea horizontal

En la iconología de la imagen la línea horizontal es la que simboliza las cualidades de seguridad.

Primero, por sus múltiples puntos de apoyo. Por eso cuando la miramos percibimos estabilidad y seguridad. Es decir, es una línea que no se va a caer ni romper. Es una línea directa e inamovible, con continuidad visual. Por esta razón nos da la sensación de seguridad.

Otros elementos que genera emocionalmente esta línea son serenidad o calma. Cierto es que cuando la miramos es plana, sin ningún sobresalto, y te puede hacer pensar en el horizonte.

Por la continuidad que tiene, proporciona la sensación de eficacia porque no existen sobresaltos visuales en una línea horizontal. Pero, si vamos más allá, también podemos percibir la línea como aburrida. Sin embargo, con este adjetivo ya estamos dando un juicio de valor. Lo que quiero decir es que la calma nos puede parecer subjetivamente aburrida.

Todos estos elementos juntos dan una sensación de formalidad, por la constancia y la continuidad. Te voy a poner un ejemplo: cuando hablamos de una persona formal, suele ser alguien que siempre hace lo que dice, cumple con los horarios y no te sorprende en cuanto a compromiso. Y eso justamente es una característica horizontal que nos hace confiar en esta persona, y como consecuencia nos sentimos seguros.

Cuando hablo de este tema en las empresas, muchos de los presentes me dicen que ellos quieren transmitir «profesionalidad»... y yo aquí, no lo puedo evitar, me pongo negra. ¿Qué significa «profesionalidad»? Pues dependerá del contexto, del propio puesto, de la empresa y de los valores que tú decidas mostrar. Porque un mecánico, un esteticista o un abogado pueden dar una imagen muy profesional cada uno en su ámbito. Así que para mí no existe el prototipo de una imagen profesional. Lo único que me parece una característica común para aportar esas sensaciones es la constancia o la formalidad.

Para que lo entiendas, piensa en una persona que muestra las sensaciones contrarias, seguro que te has encontrado con una incluso fuera del ámbito profesional. Imagina una persona que un día está feliz, al siguiente triste, o un mismo día puede estar en un momento enfadada y al siguiente ausente. Una persona que un día se arregla y otro ni se ducha. Si es así, costará mucho detectar en qué estado se encuentra y qué tipo de comunicación puedes tener con ella. Entonces surgen las típicas preguntas de: «Oye, ¿cómo ha venido hoy?», para así saber qué es lo que se puede esperar de esa persona. Bien, pues todo lo anterior es lo contrario a la constancia y la seguridad. Esa persona es una montaña rusa y no aporta confianza. Así que si quieres transmitir profesionalidad o seguridad debes mantener una imagen poco cambiante.

La seguridad es como la presencia, se nota

Seguro que estás pensando si no puedes tener un día malo. La verdad es que si quieres parecer seguro y profesional, no. Pero bueno, si es un día, no

pasa nada. El problema es si es un día cada semana...,
¿no te parece?

Y como apunte extra, otra cualidad visual transmitida por esta línea horizontal es la masculinidad.
Cuando vemos a un hombre con los hombros anchos,
este nos parece más masculino que un hombre con
los hombros estrechos. Recuerda que es una sensación
visual, no tiene que ver con quién es realmente más
masculino. Esto también lo percibimos en las mujeres que tienen los hombros más anchos, suelen aportar una imagen más atlética o masculina.

Cómo detectar mi línea horizontal

Antes de pasar a cómo y qué características
puedo trabajar para potenciar mi seguridad visual, es
necesario que sepas que no puedes aplicar en tu persona todo lo dicho. Recuerda, obsérvate en el espejo
para detectar si físicamente existe ya una línea horizontal (mandíbula/hombros/postura). A partir de
aquí, lleva a cabo aquello que te sea más cómodo
y que creas que puede formar parte de ti.

Eso sí, como ya sabes, todos los cambios, por
muy pequeños que sean, crean una cierta incomodi-
dad que a veces tenemos que sufrir hasta que volvamos a reconocernos. En mi consulta con algunos
clientes, tras aplicar en su persona alguno de los cam-

bios sugeridos, establecemos el siguiente diálogo: «Me veo raro/rara». Y yo les pregunto: «Pero ¿raro bien o raro mal?». «Raro bien». Entonces concluyo: «Pues date quince días de prueba, luego todo volverá a encajar». ¡Es lo que tiene salir de la zona de confort!

Cómo potenciar visualmente mi seguridad

Se puede aportar seguridad visual, como ya te he comentado antes, si corporalmente tienes los hombros o la mandíbula ancha. Estos dos elementos aportan unas líneas horizontales visuales claras. Pero si no posees estas cualidades, puedes realzarlas con varios elementos que iré describiendo en los siguientes apartados.

Indumentaria

Apostar por prendas que aporten anchura a los hombros, como las americanas. Pero ¡no tienen por qué ser las que tienen hombreras gigantescas! No es necesario volver a los ochenta. Por cierto, como curiosidad, te diré que la famosa moda de las hombreras apareció por una necesidad sociológica que luego se transformó en moda. A mediados y finales de los ochenta las mujeres empezaron a tener más presencia en el mundo de los negocios, y para tener más credibilidad visual se adaptaron las prendas con hombreras para crear más amplitud en hombros y de esa manera asimilar su imagen más a la del hombre. Luego se les fue de las manos y los que vivimos aquellos años sabemos que las hombreras eran absolutamente indispensables y que cuando se te caía una era lo peor.

Pero todo en esta década era grande y ancho, no solo las hombreras. Recuerda los peinados, ¡seguro que el agujero de la capa de ozono se creó en ese momento por el exceso de uso de la laca! Eran los años ochenta y las mujeres tenían un gran deseo a la hora de vestirse: parecerse a los hombres para poder competir de igual a igual en un mercado laboral que se abría en ese momento para ellas —no olvidemos que esa fue la era dorada de los yuppies, de Wall Street, de la Material girl de Madonna—. De este modo, adoramos al traje pantalón, símbolo de la vida ejecutiva, la silueta triangular, de espaldas anchas, que se impuso como la imagen del poder. «Soy fuerte, soy inteligente. Mi cerebro es lo importante».

En esos días, los diseñadores miraron hacia los años cuarenta, cuando las mujeres, inmersas en el mundo masculino durante la Segunda Guerra Mundial, comenzaron a usar prendas de aspecto militarizado. Su inspiración se tradujo en una propuesta que hoy se conoce como Power Dressing* (vestimenta para el poder).

Pero volvamos a la actualidad. La idea de crear seguridad visualmente es crear horizontalidad y estructura. Y podemos optar por cualquier prenda que aporte rigidez visual, no es obligatorio que sea una americana. Pero ten en cuenta, sin embargo, que cuando vamos a una entrevista de trabajo y queremos transmitir formalidad o seguridad, ¿qué prenda nos solemos poner? Pues una americana, y es que es la prenda ideal para crear formalidad, seguridad y anchura de hombros.

Pero las americanas y las hombreras, como digo, no son las únicas opciones, es importante escoger prendas que marquen nuestros hombros, como una camisa montada al hombro y creando amplitud con un canesú. La idea es que esa zona de tu cuerpo se vea ampliada y estructurada. También podemos jugar con los colores. Prendas con colores más luminosos en la parte superior que en la inferior. Cuando te vistas para crear una imagen más segura, fíjate bien si tus hombros se ven remarcados.

Los colores tienen una simbología y aquellos que son fríos transmiten más esa sensación de formalidad y seguridad: azules, grises, negros, algún

* Los manuales de John T. Molloy *Dress for success* (1975) y *Women: dress for success* (1980).

tipo de rojo, granates y la gama de violetas. Por otro lado, podemos jugar con su luminosidad y de esta manera regular el nivel de seguridad o presencia que queramos. No es necesario llevarlo todo al extremo. Los colores fríos más claros se verán menos contundentes, los opacos y más oscuros se verán sobrios y los colores más vivos destacarán en presencia y energía.

El éxito se mide por tu camino, no por mirar el de los demás

Así que, ya ves, todo dependerá del día y de tu objetivo de imagen.

A lo largo de mi carrera he oído muchas veces que en las mujeres los tacones aportan más presencia, y no puedo estar más en desacuerdo. El tacón no transmite ni presencia ni seguridad visual, sobre todo si no elegimos el correcto: si eres una mujer muy delgada y te pones un tacón grueso o grande pierdes importancia visual, y solo vemos que el tacón te lleva a ti. Y en el caso contrario si tienes una constitución grande y eliges un tacón fino, no existe un equilibrio entre tu cuerpo y el tacón. Y no hablemos si no sabes andar con ellos.

Si la indumentaria y los complementos (incluidas las gafas) en particular nos eclipsan, perdemos presencia y seguridad visual. A menos que sea una decisión consciente y que prefiramos que destaquen ellos por encima de nosotros. Y lo más importante: si la persona no sabe usarlos, ¡la posible credibilidad que hayamos trabajado desaparece al instante!

Cabello

No soy muy partidaria de usar el cabello para potenciar la imagen, porque a veces solo queremos esa característica en una ocasión puntual, y como todos sabemos el cabello en general no es de quita y pon. Por eso en imagen externa aconsejo siempre trabajar más con elementos más versátiles como la indumentaria, los complementos, el maquillaje, la óptica y, lo más importante, la comunicación. Una vez explicado este asunto, está claro que lo que aporta más presencia visual en el cabello son aquellos cortes más marcados en los laterales o aquellos peinados que son capaces de crear un efecto visual deseado para hombres, por ejemplo, potenciar la mandíbula. En las mujeres, siempre se puede optar por tonos ligeramente más oscuros (¡no hace falta que sea negro azabache!) y cortes más marcados en el lateral para que destaque la mandíbula o algún flequillo recto. Pero repito que este tema es muy delicado y sobre todo muy personal. Antes de aplicar estos consejos habla con tu peluquero.

Óptica

Puede que suene a tópico, pero usar gafas con formas marcadas puede ayudar a crear horizontalidad en la imagen, además de reforzar (como efecto espejo) la mandíbula por poco prominente que sea. Llevar gafas (aunque no se necesiten... Eso sí, con cristales, por favor) es un elemento que marca el rostro y aporta contundencia.

Siempre es mejor que optemos por monturas oscuras con linealidad horizontal y un poco marcada. Las gafas con montura al aire no tienen el mismo efecto, no nos sirven para nuestro objetivo. Soy muy partidaria de usar la óptica no solamente por necesidad visual, sino también como complemento a un objetivo de imagen.

¿No es gracioso que hoy en día el llevar gafas se haya convertido en placer de verdad y no en un drama? Los que hemos sufrido que nos llamasen cuatro ojos en el colegio estamos realmente agradecidos.

Postura

Partiendo de la postura corporal ideal, que podemos leer en el capítulo 10 («La buena imagen»), para crear visualmente seguridad es importante que el cuerpo ocupe bien su espacio. Todas las posturas retraídas, descendentes o cerradas, además de aquellas que ocupan menos espacio que el propio cuerpo, causan un efecto de inseguridad, timidez, cansancio o retraimiento. Tiene que parecer que estoy a gusto con mi espacio personal y por lo tanto dar la sensación de que estoy cómoda con mi cuerpo. Como en la película *Dirty dancing,* quién no recuerda ese maravilloso momento de: «Este es mi espacio, este es tu espacio».

Atención, aquí es bueno no excederse... Me refiero a que si invado más espacio del que ocupa mi cuerpo, en vez de seguridad, transmitiría prepotencia o chulería. Señores, sé que por cuestiones meramente fisiológicas no pueden cerrar las piernas, pero hay un límite de apertura para no mostrarse como THE MACHO mostrando THE GENITALS.

Es importante si estás de pie separar ligeramente las piernas (nivel de cadera) y usar la amplitud de tus brazos. Los brazos son un elemento que se debe tener muy en cuenta. Despegarlos de las axilas aporta más seguridad y serenidad visual. Mi compañera y maravillosa *coach* de actores, Reichel Delgado, siempre me comenta: «¡Quita el velcro de las axilas!». Y la verdad es que tiene razón, porque cuando nos sentimos inseguros o tensos, esa zona es la que más apretamos y en la que menos nos fijamos. Podemos ser conscientes de las manos, pero ¿de las axilas? Y te aseguro que se nota.

Ritmo

El ritmo o la forma en la que realizamos nuestros movimientos debe ser pausado sin ser lento, todo aquello que hacemos con prisa o precipitadamente le resta sensación de seguridad a nuestra imagen. Y la misma pauta sirve también para nuestra forma de hablar. Es importante que, cuando quieras puntualizar un elemento importante en una conversación o charla, bajes ligeramente el ritmo. Así estoy marcando el elemento que se debe tener en cuenta.

Si hablas rápido, esto te costará mucho, lo sé, pero la velocidad al hablar puede percibirse como nerviosismo y, además (no siempre es así, pero en la mayoría de casos que me he encontrado sí que lo es), los que tenemos tendencia a hablar rápido, no vocalizamos. Y esto no denota seguridad.

EJERCICIO

Aquí va un ejercicio que te puede ayudar: te pones un bolígrafo en la boca, entre los dientes, y lees un texto. Ya verás cómo no es fácil y tendrás que bajar el ritmo sí o sí. Además, te verás obligado a exagerar la vocalización para que se te entienda. Es una maravillosa manera de reeducar los músculos de la mandíbula y prepararlos para saborear las palabras. Está claro que si solo lo haces una vez, no notarás nada. Esto es como el deporte, si solo vas una vez al gimnasio no te saldrán abdominales. ¡Así que a practicar cada día!

Voz

A nivel vocal, sea cual sea tu tono natural, cuando quieras trabajar la seguridad, el tono debe ser un poco más grave. Puedes pensar que es complicado trabajar o cambiar un tono de voz, y tienes toda la razón. De todas las características de seguridad esta es la más difícil de trabajar. Pero sobre todo por las limitaciones mentales que nos ponemos.

Tenemos mucha más versatilidad vocal de la que nos pensamos. Si no, fíjate cuando le hablas a distintas personas: a niños pequeños, a gente mayor, a tus jefes o a tu pareja. Usas de manera instintiva varios registros vocales sin darte cuenta. A partir de ahora observa cómo lo haces y en qué ocasiones. ¡Te sorprenderás!

Con esta pauta, ya sabes, si en algún momento necesitas transmitir seguridad vocal, debes bajar el tono de voz y reducir el ritmo. Busca si puedes este vídeo de YouTube (https://www.youtube.com/watch?v=28_0gXLKLbk) y fíjate en la evolución vocal de Margaret Thatcher.

El talento es rodearte de más talento

Es curioso, pero, cuando tenemos hijos, solemos usar estas pautas de ritmo y voz de manera más natural. Cuando mis hijos eran pequeños, me pasaba el día gritando (es lo que hay...), pero cuando realmente habían hecho o dicho algo grave o simplemente cuando mi paciencia se agotaba entonces mi cuerpo, ritmo y voz se transformaban: «¡Como vuelva a ver un calcetín en medio de la sala...!». Imagínate esa escena con voz grave y respiración cada dos palabras (para crear tensión dramática)... ¡Y en ese momento, me hacían caso! (Consejo: también funciona con los maridos).

Conclusión final

Una de las cualidades que las personas consideran más importante transmitir es la seguridad. Esta no tiene nada que ver con la arrogancia. Uno puede trabajar ciertas características externas para reforzar esta cualidad. La seguridad va unida a la formalidad, la estabilidad, la calma y la constancia. Y su forma de representarla es una línea horizontal. Para conseguir esa horizontalidad en uno mismo, en nuestro cuerpo, es importante tener en cuenta un triunvirato: mandíbula, hombros y postura. Y realzar esa horizontalidad visualmente es algo que se puede conseguir a través de la indumentaria y sus colores, por el tipo de peinado y por las gafas que se lleven. También es importante trabajar la postura, el ritmo de los movimientos y el tono de voz.

7

La cercanía

A quienes no aportamos de entrada cercanía (por nuestro físico, expresión o actitud) nos preocupa que los demás no confíen en nosotros, que no transmitamos franqueza. Es cierto que, para generar confianza, una de las características más importantes es la cercanía. Confianza y cercanía son dos términos que están íntimamente ligados. Que las personas te puedan percibir como alguien próximo (en quien confiar), que puedan hablar contigo abiertamente, que se acerquen a ti también se puede conseguir en una primera impresión. ¿No te ha pasado nunca que ves a alguien por primera vez y te da la sensación de que lo conoces de toda la vida? O que encuentras a personas desconocidas que no sabes por qué te cuentan toda su vida. Hay personas que transmiten esa sensación de comodidad, cercanía y proximidad de manera natural.

Si de entrada no generas cercanía, eso no significa que no puedas lograr que confíen en ti. Piensa que la confianza se gana poco a poco con actos y acciones diarias. Los demás deciden si confían en nosotros dependiendo:

—de nuestros actos,

—de lo que decimos,

—de cómo hacemos esos actos o cómo decimos las cosas,

—y de la imagen que transmitimos.

Cuando falla alguno de estos cuatro puntos o no existe coherencia entre ellos se crea la desconfianza. Ya sabes que pasar de confiar en alguien a lo contrario es fácil; en cambio, recuperar la confianza es muy difícil. A nivel visual es posible crear más cercanía; si tú no aportas esa sensación en la primera impresión, yo puedo ayudarte.

La línea de cercanía. La línea sinuosa

En iconología de la imagen la cercanía se ve representada por una línea sinuosa. Es una línea suave, flexible y versátil.

Cuando mires esta línea deberías tener una sensación de calma y te podría provocar hasta una ligera sonrisa. Aporta tranquilidad como la línea horizontal, pero es algo más cómoda visualmente. Así como la horizontal trabaja más en sensaciones de credibilidad, la línea sinuosa fomenta la confianza visual.

Cómo detectar mi línea sinuosa

Puedes detectar la línea sinuosa en las zonas más redondeadas en tu cuerpo. No significa que haya sobrepeso, solo que las personas que tienen un contorno corporal más redondeado pueden dar la sensación de parecer más cercanas.

También puedes observarla en el rostro: si tienes mofletes redondeados, un rostro poco anguloso; las facciones como los ojos, nariz y boca redondeadas, y, por ejemplo, el cabello ondulado.

Otro factor que puede aportar cercanía es la altura. Las personas bajas parecen más accesibles que las personas que son altas. Tienen ese punto más achuchable, que las hacen más próximas. De este tema puedes leer más en el capítulo 4 («La iconología de la imagen»).

La cuestión es que si vas en un autobús o en el metro y siempre que se te sienta alguien al lado te habla, o si la gente te para en la calle para pedirte la hora..., seguramente es que transmites cercanía... o no hay nadie más disponible.

Cómo potenciar visualmente mi cercanía

Recuerda que no tienes que aplicar todos los puntos que aporto a continuación para crear más cercanía, escoge aquellos que te hagan sentir más cómodo y más auténtico dentro del cambio que vayas a implementar.

Para trabajar la cercanía visualmente hay que conseguir crear la línea sinuosa con el cuerpo, la indumentaria y la expresión.

Pero, ante todo, para transmitir cercanía hay que querer ser cercano. Si no te gusta que los demás te hablen ni interactuar con ellos, será complicado conseguirlo por mucho que apliquemos las características físicas. La verdad es que la actitud a veces es más importante que todo lo que puedas trabajar porque la cercanía implica la intencionalidad de comunicar.

Imagen

Rostro

El punto clave para transmitir cercanía es la mirada. Cuando hablas, no puedes tener una mirada esquiva, sino ejercitar el mirar al otro sin miedo. No una mirada rápida, sino mantenerla mientras te estás dirigiendo a esa persona. Y también cuando te hablan la mirada debe fijarse en el interlocutor, mirar hacia otro lado puede dar la sensación de que no escuchas o de que estás distraído. Pero ¡cuidado, hay que parpadear de vez en cuando!; si no, parecerás un psicópata.

La postura de la cabeza también es importante, para transmitir cercanía lo mejor es buscar una postura neutra con ella: ni ascendente, pues parece que estés juzgando lo que te están contando; ni descendente, que puede quizá aportar un punto de desconfianza.

Otro punto básico para la cercanía es la sonrisa. Si te fijas, ¡es la línea sinuosa que todos tenemos de manera natural! Sin sonrisa no existe la cercanía.

Indumentaria

Está claro que si para la seguridad buscamos prendas algo estructuradas que recuerden la línea horizontal, en este caso trataremos de encontrar la línea sinuosa en la ropa.

No me refiero a que llevemos volantes ni chorreras, sino a que las prendas tengan tejidos más flexibles, como el punto, la lana, o indumentaria que tenga más movimiento visual, como la viscosa o la seda. ¡Ojo, no es suficiente con que te pongas un jersey de lana! No olvides nunca los cuatro puntos que he mencionado anteriormente en la introducción del capítulo y que son necesarios para que se dé la confianza de verdad.

La idea es que el *look* parezca más relajado y no tan formal. Aunque si buscas parecer más cercano en tu lugar de trabajo, cuidado con usar las prendas que te menciono, ya que si tu empresa tiene algún *dress code*, puedes alejarte de la idea de formalidad que exige. En este caso, aplica mejor las pautas de expresión que las de indumentaria. Serán más eficaces.

Puedes jugar también con colores, que no sean muy vistosos. No importa si son claros u oscuros, pero colores no muy vivos. Y en lo que concierne a la temperatura, más bien de tipo cálido: tierras, granates, burdeos, verdes olivas, marrones y berenjenas.

Cabello

Para aportar más cercanía visual, tenemos que buscar que nuestro cabello no tenga colores muy extremos como los rubios platinos o los negros azabaches. Lo ideal es que dentro de nuestro colorido natural busquemos colores medios. Lo mismo pasa con los cortes de pelo, es mejor que no sean muy marcados o radicales.

El cabello que tiene movimiento (por longitud o por corte) aporta visualmente esa sensación de accesibilidad.

Expresión

Postura

La postura, siempre manteniendo el punto del esternón elevado (lo veremos en el capítulo 12, «La buena expresión»), tiene que ser flexible. Piensa que la cercanía no es rígida, recuerda cómo es la línea. No se trata de desmontar tu cuerpo y dejarlo caer, es buscar que el cuerpo se vea cómodo y relajado manteniendo una postura erguida.

Si estás de pie, intenta evitar tener las piernas muy separadas, busca la flexión de una de las rodillas de manera natural sin forzar. Cuando estés sentado también trata de buscar una postura que defina la línea sinuosa.

Otro punto que te puede ayudar es trabajar en la postura ligeramente el avance, ya que da la sensación a tu interlocutor de que estás más pendiente de él. Solo ligeramente, no invadas su espacio, porque si no transmitirías una sensación de agresividad.

Vamos a recordar las reglas de la distancia interpersonal o la proxémica estudiadas por el antropólogo estadounidense Edward Hall, pues nos van a servir en este apartado. Es cierto que dependiendo de las culturas este espacio es más estrecho o más amplio. En las culturas latinas es algo menor que en las culturas nórdicas. Pero como referencia te puede ayudar. No es cuestión de ir con una regla para medir las distancias, es solo sentido común. Es importante que tengas en cuenta que no porque toques a la persona con la que mantienes una conversación, vas a parecer más cercano. Hay ciertas situaciones en las que el contacto físico es contraproducente o puede ser percibido como una agresión.

Según Hall, hay cuatro tipos de distancia:

— **La distancia íntima** es la zona donde se sitúan los amigos, las parejas, la familia. Esta distancia oscila entre 15 y 45 centímetros. Para que se dé esta cercanía, las personas tienen que tener mucha confianza y en algunos casos estar emocionalmente unidos. En esta distancia se presenta la posibilidad de mantener un gran contacto sensorial, visual, olfativo, térmico, táctil. Dentro de esta zona se encuentra la íntima privada, distancia inferior a unos 15 centímetros del cuerpo.

— **Distancia personal** es la zona donde se encuentran los conocidos o compañeros de trabajo. Son situaciones que se pueden dar en la oficina, reuniones, asambleas, fiestas, conversaciones amistosas o de trabajo y se sitúa entre 46 y 120 centímetros. El límite dependerá del alcance de nuestras extremidades superiores para saludarse o darse la mano.

— **Distancia social** es la zona que usamos con las personas con las que no tenemos ningún tipo de relación establecida. Un momento puntual, como cuando estamos en una tienda o cuando nos acaban de presentar a alguien. Esta distancia se sitúa entre 120 y 360 centímetros.

Las palabras crean realidades, háblate bien

— **Distancia pública** es la que se emplea para situaciones como conferencias, charlas, y tiene muy poco contacto sensorial. Esta distancia se da a más de 360 centímetros. Aunque siempre depende de la estancia en la que nos encontremos, evidentemente.

Gestualidad

En la gestualidad es importante que el movimiento sea suave y no brusco. Que pueda dibujar una cierta sinuosidad. Acompaña tus palabras con gestos de ritmo moderado e intenta no marcar en exceso las palabras con las manos.

Para crear confianza visual es más eficaz si usas algo de gestualidad. Recuerda que te he mencionado que la voz y la gestualidad van unidas. Así que cuando alguien habla y no usa la gesticulación, el mensaje no se recibe en toda su dimensión. Piensa en acompañar tus palabras enfatizándolas ligeramente con las manos.

Ritmo

Te aconsejo que tu ritmo sea de un nivel medio. Si vas muy lento, en vez de cercanía transmitirás tranquilidad; y si vas muy rápido, parecerás demasiado jovial.

De todas maneras, recuerda que la línea es flexible visualmente, y, por lo tanto, con el ritmo pasa lo mismo. Tienes que saber adaptar tu ritmo al del interlocutor y variar con él. Para generar confianza y cercanía tienes que trabajar mucho la versatilidad en comunicación. Recuerda la empatía rítmica como pauta clave de la cercanía.

Actitud

Tal como te decía al principio del capítulo, no podrás potenciar esta cualidad si realmente no te apetece ser cercano. La cercanía como actitud se basa sobre todo en la voluntad de comunicar. Así que es cuestión de trabajar la sociabilidad. Y ¿qué es la sociabilidad? La tendencia de comportamiento que tengo cuando estoy con un grupo de personas. ¿Espero a que me hablen o tomo la iniciativa? En el caso de la cercanía es importante tomar la iniciativa. ¡Cuidado!, no lo confundas con querer ser el centro de atención, no tiene nada que ver. El tomar la palabra o presentarte respetando e interesándote por las intervenciones ajenas se percibe como que eres una persona sociable.

Si te cuesta ser cercano porque eres tímido, discreto o introvertido, te dejo a continuación unas pautas que puedes practicar para elevar tu nivel de sociabilidad. No son fáciles, pero, como todo lo que te aconsejo en este libro, ¡es cuestión de práctica!

—Cuando te cruces con personas que conoces, intenta entablar una conversación. No te limites solo a saludar. Aprovecha, por ejemplo, el momento que estás alrededor de la máquina de café en el trabajo o con los compañeros de clase en el pasillo. Recuerda que a las personas les gusta hablar de sí mismas así que cuanto más atento te muestres con sus vidas, más interesante te encontrarán. Una de las mejores maneras de entablar una conversación es hacer algunas preguntas sencillas, por ejemplo:

¿De dónde eres?

¿Qué tal está el trafico hoy?

¿Tenéis planes para el fin de semana?

Voy al cine esta tarde, ¿quién me puede recomendar una peli?

También funcionan los cumplidos, pero cuidado, pues puede parecer que estás haciendo la pelota. Siempre que te comuniques con los demás, tienes que ser sincero y respetar la respuesta o las ganas de responder de tus interlocutores (puedes encontrarte con que la persona a la que te diriges en un momento determinado se siente mejor dándote una respuesta automática). Si llevas la conversación a un terreno demasiado personal, sé prudente, pues las personas se pueden sentir incómodas.

Y si haces una pregunta a alguien, debes ser capaz de prestar atención a su respuesta. Las personas pueden notar cuándo no las escuchas con interés. Tal como comentaré en el capítulo 11 («La buena actitud»), evita interrumpir cuando alguien te hable y asegúrate de que esa persona haya terminado de hablar antes de responder.

—Evita las respuestas automáticas y aprovecha el momento en el que se dirigen a ti para entablar la conversación. En muchas situaciones diarias tenemos encuentros con los demás, y por cordialidad hacemos preguntas automáticas que reciben respuestas automáticas. Si quieres potenciar la cercanía con esa persona, trabaja tu respuesta y piensa en cómo crear una pregunta de seguimiento para generar una conversación distinta.

Por ejemplo, lo habitual es mantener un tipo de conversación así:

—Hola, ¿cómo estás?

—Bien, ¿y tú?

—Bien.

Pero podrías mejorarlo:

—Hola, ¿cómo estás?

—Pues la verdad es que hoy está siendo un día curioso porque... (y cuentas una anécdota).

Además de todas estas pautas que te he dado, recuerda que siempre es bueno añadir una sonrisa, el contacto visual y los buenos modales.

La feminidad

La línea sinuosa también es la línea de la feminidad. No existe un solo tipo de feminidad. Para mí existen tantos tipos de feminidades como de mujeres. Por eso, cuando hablo de este concepto no me refiero a ponerse una falda o un vestido, dejarse el pelo largo, maquillarse o llevar escote. Estos son justamente los estereotipos que no me interesan.

Lo cierto es que tanto los hombres como las mujeres suelen tener actitudes diversas que no tienen por qué encajar dentro del binomio de feminidad y masculinidad. Es importante que entiendas que en este capítulo hablo, como en todos los demás, de las características de comunicación que te pueden ayudar a potenciar esta cualidad si a ti te interesa potenciar-la. No es para nada, y repito PARA NADA, obligatorio ni necesario que una mujer transmita feminidad, y además una se puede sentir muy femenina aun no mostrándolo a nivel externo.

La aceptación lleva a la liberación

La feminidad, la masculinidad, la seguridad, la jovialidad o todas las cualidades de las que hablo en el libro son reales cuando las sentimos. Pero también es cierto que podemos usar las herramientas externas para identificarnos con ellas si no las percibimos claramente.

Durante muchos años la feminidad se ha considerado una característica que de entrada podía ir en contra de otras cualidades como la inteligencia o la credibilidad. Si vas al capítulo 6 («La seguridad»), puedes ver que cuando hablamos de seguridad y de credibilidad trabajamos la línea horizontal, que es la que de alguna manera representa la masculinidad. Por eso, tal como explico en ese capítulo, en los años ochenta visualmente las mujeres quisimos parecernos más a los hombres para crear esa imagen de credibilidad. Hoy en día cada vez se acepta más la feminidad como una cualidad que nada tiene que ver con la falta de credibilidad, la falta de seguridad o la falta de profesionalidad. Se confunden también demasiadas veces la feminidad y la seducción.

Existen muchísimos tipos de feminidad y se puede usar esa feminidad para mejorar la comunicación. Se puede ser femenina y segura, femenina y creíble, femenina y contundente, femenina y dulce... y así con cada tipo de mujer.

Estoy muy cansada de que la feminidad se considere una característica de vulnerabilidad o debilidad, como se ha hecho durante muchos años, pero tampoco estoy de acuerdo en negarla como si eso fuera una condición necesaria para luchar por la igualdad entre sexos. No necesito disfrazarme de hombre para tener credibilidad. Pienso que la evolución de la feminidad es poder gozar de nuestras características físicas y comunicativas sin menospreciarlas por ser femeninas.

Lo que ocurre es que aún existen ámbitos en los que se obliga a la mujer a usar determinadas prendas y al hombre, no. Esta situación sí me parece sexista. Pero que tú elijas ponerte un tacón y sentirte mejor o más femenina no es sexista. No quiero hacer ningún manifiesto, pero quiero dejar bien claro que no me posiciono a favor de una sociedad sexista. Solo aporto una información iconológica para entender cómo se percibe la feminidad.

Cómo potenciar visualmente mi feminidad

La feminidad y la cercanía emplean la misma línea sinuosa. Está claro que un cuerpo parece más femenino si tiene sinuosidad, pero la gracia está en que podemos transmitir feminidad, aunque no tengamos un cuerpo con excesivas curvas. Trabajando la indumentaria, la expresión y la actitud se puede conseguir. Te lo cuento con una experiencia real.

Yo tenía una clienta que vino a mi consulta porque necesitaba sentirse más femenina. Ella pensaba que no lo era y que esto le impedía seducir a los hombres. Y su objetivo era conseguir potenciar esa cualidad que no sabía proyectar con dos objetivos principales: gustarse más a sí misma y atraer al tipo de hombre que a ella le gustaba.

Como siempre hago con todos los clientes, la coloqué delante del espejo para observar cuál era su postura corporal y para que ella también se observara. Es difícil explicarlo por escrito, pero imagínate a una karateca en postura de espera. Esa era su postura corporal: piernas abiertas, puños cerrados y preparada para el ataque. No es que sea una postura mala, es que no proyectaba los códigos correctos para lograr su objetivo. Lo que hay que entender es que si yo me dejo llevar por los estereotipos de la feminidad y a un cuerpo con esta postura le coloco un vestido de flores y unos tacones, lo único que consigo es crear una caricatura y potenciar, justamente por contraste, todas las cualidades de la masculinidad. Lo que conseguiría sería una persona que se sentiría incómoda por su figura. Lo primero que hay que descubrir es qué tipo de feminidad quieres. Es muy importante que cuando decidamos trabajar alguna característica para mejorar nuestra imagen nos hagamos la pregunta de si realmente la tenemos.

Me gusta mucho hacer la siguiente pregunta: Si tú tuvieras una imagen femenina, ¿qué tipo de feminidad tendrías? También hago esta misma pregunta con otras características. Por ejemplo, si tú quieres transmitir seguridad, lo mejor es que te imagines a alguien que tú consideres una persona segura y analices cómo va vestida, qué postura tiene, cómo se expresa... Es decir, hacer un dibujo mental de cómo serías tú si tuvieras esa característica. Nuestra mente nos va a ayudar a crear una imagen más realista y más adecuada de lo que realmente sentimos y a partir de esa imagen podemos empezar a aplicar las líneas y trabajar las cualidades.

Siguiendo con la anécdota de esta señora, una vez que localizamos el tipo de feminidad que se adaptaba a su carácter, lo primero que hicimos fue trabajar su postura corporal para conseguir visualmente un cuerpo menos rígido y más flexible (como con la cercanía, recuerda que es la misma línea). En este caso en particular, le pedí que cerrara las piernas, que relajara las manos, que pusiera el tronco erguido y que plegara una rodilla. Tú también puedes intentar poner esta postura frente al espejo si quieres trabajar la feminidad. En cuanto a lo demás, si sigues las mismas pautas que la cercanía, pero además te centras en este concepto que te interesa potenciar, conseguirás el mismo efecto.

Conclusión final

La confianza y la cercanía son dos términos que están íntimamente ligados. Se puede conseguir en una primera impresión que nos perciban como personas próximas (en quienes confiar), con las que se puede hablar abiertamente, y que se acerquen a nosotros. La confianza se gana poco a poco con actos y acciones diarias. Los demás deciden si confían en nosotros dependiendo de nuestros actos, de lo que decimos, de cómo hacemos esos actos o cómo decimos las cosas y de la imagen que transmitimos.

La cercanía se ve representada por una línea sinuosa. Es una línea suave, flexible y versátil. Y se puede potenciar con distintos recursos y trucos a través de la imagen, la expresión y la actitud. De todos modos, siempre es bueno añadir una sonrisa, el contacto visual y los buenos modales. La feminidad y la cercanía usan la misma línea; por lo tanto, existen también herramientas para proyectar una imagen que intensifique esta cualidad.

8
La seriedad

«La seriedad hay que tomarla con humor».
CANTINFLAS

Una persona seria, y me remito al diccionario de la RAE, es una persona severa en su semblante, en el modo de mirar y de hablar. Y a veces con esta definición ya nos hacemos una idea negativa de la seriedad. Muchas personas confunden el término seriedad con la falta de alegría, cuando para mí representa una actitud responsable hacia algo. Se puede ser serio, pero ¡con mucho humor! Los mejores aprendizajes se acompañan de una buena risa, y no por ello son menos serios.

Cierto es que, como bien dice la definición, habitualmente la seriedad se aprecia en el gesto facial, en el tono de voz y en el estilo de un individuo, y esto podría dar a entender un carácter rígido, cuando de hecho detrás del gesto serio puede haber alguien divertido y con sentido del humor.

Cuando imparto los cursos de formación a las empresas, trabajamos en equipos, y suelo proponer un ejercicio sobre la primera impresión que creen que transmiten y la que realmente transmiten. Lo más divertido de este ejercicio es que hay bastante diferencia entre lo que creemos que proyectamos y la realidad. Algunos aciertan, pero son pocos, te lo aseguro.

Esto tiene que ver con lo que te comentaba en el primer capítulo, que no somos conscientes del todo del impacto que generamos en la primera impresión. Pero, además de esto, lo que más me sorprende es que cuando le digo a alguien que proyecta seriedad, en general no le gusta esta opinión. Me suelen contestar: «Pero yo no soy serio», como si fuese algo negativo. Y es que esta idea va unida a una creencia: que las personas serias son frías y distantes, o, peor aún, aburridas, pero la realidad es que no siempre es así. Se puede ser serio y cercano a la vez y también se puede ser serio y distante, pero no va implícito.

La distancia se puede producir por varios motivos. Por ejemplo, en el capítulo 4 («La iconología de la imagen») explicaba que las personas más altas que la media pueden parecer distantes (que no es lo mismo que serias) y que esto hace que a los demás les cueste más acercarse y comunicarse con ellas. Yo siempre digo que el problema de la imagen está en la expectativa que provoques, es decir, si eres alto y ves que los demás no se aproximan a ti y quieres comunicarte con ellos, debes tomar la iniciativa de la comunicación, porque de la otra manera será complicado que pase.

También en la actitud se puede transmitir distancia. Aquellas personas que no comunican, no reaccionan o no practican la escucha activa en un primer momento antes de ponerse a interactuar con el otro, sino que son más observadores de lo que pasa a su alrededor..., pueden parecer más distantes. De nuevo lo confundimos con seriedad, en realidad son distantes. No digo que me parezca mal, yo creo que cada uno debe adoptar la actitud frente a las situaciones nuevas que quiera, mientras sepa lo que está pasando. Mi marido, por ejemplo, es una persona a la que no le gusta interactuar con los demás, a menos que lo haya decidido él, y la primera impresión que da es la de distante y frío, imagen que a él le encanta y que además exagera. Yo le digo siempre que ya ha pasado el límite de distante y que directamente se posiciona como un cactus. Él es feliz siendo cactus y a mí el cactus me hace feliz.

Esta distancia que se crea con la comunicación verbal y no verbal les pasa a su pesar también a los tímidos o introvertidos. Es una manera de protegerse. Como no se sienten cómodos con algunas situaciones de interacción se cierran. Sé que es una manera quizá simplista de hablar de la timidez, pero a nivel corporal es lo que se percibe. Entonces ¿qué pasa?, que es como un pez que se muerde la cola. Soy tímido, me cuesta comunicar, los demás perciben una imagen física cerrada y no se sienten cómodos iniciando la comunicación... Lo que recomiendo siempre en este caso es trabajar, más que el estado emocional (que también es importante), la postura corporal y el lenguaje no verbal para destruir esta distancia. Si es tu caso, te recomiendo el capítulo 7 («La cercanía») y el 12 («La buena expresión»).

Tu presencia personal empieza por la sonrisa

Me acuerdo de un cliente que me comentaba que los demás lo percibían como serio en los primeros encuentros con grupos y también cuando su mujer le presentaba a personas desconocidas; el resultado era que siempre, posteriormente, le decían lo serio que les había parecido la primera vez que lo vieron. Le pregunté que cómo se posicionaba en estas situaciones, y me explicó que él saludaba y luego observaba cómo eran los demás antes de interactuar. Lo peor es que no reaccionaba a lo que pasaba, se situaba como detrás de un biombo irreal para observar la situación como si él no estuviese, pero estaba. Y eso es lo que traté de explicarle, que de serio pasaba a ser distante, por no tener presencia en el encuentro. Que quieras observar es perfecto, pero debes por lo menos interactuar con tu expresión facial y movimiento corporal, para no parecer que estás juzgando.

Fíjate, de nuevo, en la definición del diccionario de la RAE que define la seriedad como dureza, rigidez o falta de movimiento, y es cierto que es así, pero no es distancia. Está claro que en el ámbito profesional es una cualidad que se espera y en cambio en el ámbito social no es tan necesario.

Es importante señalar que seriedad no es sinónimo de responsabilidad, pero en relación con la imagen externa puede dar la sensación de que es así. Cuando hablamos de una persona responsable la definimos como alguien que cumple sus obligaciones con diligencia y seriedad. Es la persona que hace bien las cosas de principio a fin, esto va muy unido a la confianza y tranquilidad, y nos recuerda más a la línea horizontal que a la vertical. Es cierto que la seriedad puede ser una apariencia, pero la responsabilidad no. La responsabilidad es una aptitud que no se percibe en la imagen externa.

La línea de seriedad. La línea vertical

Pero volviendo a la seriedad, que es de lo que trata este capítulo, esta es una característica que podemos encontrar en el físico de las personas y por lo tanto transmitir esa sensación. En cuanto a la iconología de la imagen, la seriedad la representa una línea vertical, por la rigidez (falta de movimiento), la constancia (suena a responsabilidad) y sobre todo por la sobriedad. De todas las líneas que usamos en la iconología es la que menos espacio ocupa. Por eso para mí la línea vertical también es el punto de partida de la elegancia, que en mi humilde opinión tiene que ver con la seriedad y la sobriedad.

Qué es la elegancia

Aquí si me permites voy a desglosar lo que para mí es la elegancia. La elegancia es armonizar varios elementos:

Imagen externa. Aquí debemos crear armonía entre el cuerpo que tenemos, la indumentaria que elegimos, los complementos, el maquillaje o barbas en caballeros y el peinado. Todo tiene que estar completamente integrado y ningún elemento debería destacar más que el otro. No estoy hablando de grandes estilismos, a veces se percibe como muy elegante un sencillo pantalón, con camisa blanca, cara de buena salud, cabello peinado y pocos complementos. Menos es más, seguro que has oído esta afirmación mil veces. Pues eso, sencillez ante todo. La sencillez es la clave de la verdadera elegancia, diría sin reparos Coco Chanel.

Comunicación no verbal. Una vez acicalado el aspecto externo, si la postura corporal no es correcta, no servirá de nada el trabajo. Uno de los elementos básicos de la elegancia es mantener una postura erguida, como la línea vertical. Te diré que a veces solo con la postura se crea la sensación de elegancia. Fíjate en los bailarines o bailarinas, que caminan estirados, de la cabeza a los pies, como si estuvieran sujetados por un hilo, y además se mueven con ligereza. Esto para mí es elegancia.

Además de la postura, para parecer más elegante hay que aplicar la sobriedad en los gestos. Quiero decir que el volumen de la gestualidad no debe ser muy grande y cuando se camina se han de controlar los pasos, que no sean zancadas.

Comunicación verbal. Evidentemente saber hablar y el uso del vocabulario adecuado es básico para conseguir que esa primera impresión de elegancia que hemos creado tenga consistencia y credibilidad. Aquí hay que tener cuidado con el volumen de la voz o el uso de palabrotas (en este punto yo me doy ya por vencida en cuanto a mi elegancia se refiere... Amo decir palabrotas).

Saber estar. Aplicar todas las bases de la cordialidad que puedes leer en el capítulo 11 («La buena actitud») es un buen comienzo para saber estar en las situaciones cotidianas. No hablo de las buenas maneras ni del protocolo, pero según a qué evento te inviten, te recomiendo que consultes algún manual interesante como el de mi gran amigo Julio Panizo Alonso, *Eventos y protocolo.*

Saber vestir. Es curioso cómo ha evolucionado el saber vestir. Antes las normas eran bastante más estrictas, ahora hay más libertad, tanto en los eventos como en las empresas. Personalmente me parece maravilloso que nos podamos vestir como nos sintamos mejor, pero siempre respetando dónde voy, a qué voy y a quién voy a ver. Si tú eres el anfitrión puedes hacer lo que quieras; si no es así, te remito al capítulo 10 («La buena imagen»), además de enterarte siempre de si existe algún *dress code* específico.

Es muy difícil encontrar a alguien que tenga la elegancia de manera natural, porque tenemos que añadir la autenticidad y nuestro estilo personal. Voy a confesar que ser elegante con todos los componentes y todo el rato para mí representa un exceso de control. De la lista encuentra las pautas que te hagan sentir más tú y poco a poco vete integrándolas a tu día a día...

En mi caso, que soy una persona con una comunicación no verbal y verbal «expansiva», me cuesta mucho. Así que no me planteo ser elegante siempre, sino que intento saber cómo funciona la cualidad de elegancia para saber aplicarla en el momento que la necesite. Y esto es igual para todas las demás cualidades, se trata de ampliar nuestro registro comunicativo sin perder nuestra esencia.

Cómo detectar mi línea vertical

Antes de trabajar sobre cómo potenciar tu seriedad, debes pensar en si visualmente ya transmites esta cualidad. Ya sabes que no somos conscientes de lo que transmitimos.

Estas son las características físicas que pueden hacer que parezcas serio:

—Tener un rostro alargado.

—Tener una postura muy erguida.

—Si no eres de sonrisa fácil o más bien posees un semblante poco expresivo. Te sonarán esas expresiones tipo: «Tiene cara de palo».

—Si eres de esas personas a las que siempre les preguntan: «¿Te pasa algo?», seguramente transmitas seriedad. Esto también puede ocurrir si sueles sonreír y en un momento determinado no lo haces, entonces te preguntarán: «¿Estás bien?». Es posible que haya veces que jurarías que estás sonriendo, pero no..., no se nota y eso te hace parecer más serio de lo que crees.

—Muchas veces tienes que aclarar que lo que estás diciendo «es un chiste» porque por tu cara la gente no lo capta.

Cómo potenciar visualmente mi seriedad

Imagen

Para aportar seriedad visual vamos a intentar aplicar la línea vertical y crear esa sensación visual.

Indumentaria

Con la indumentaria es muy fácil potenciar la línea vertical. Consiste en buscar prendas que sean sobrias y de líneas minimalistas. Este término fue utilizado por primera vez en moda a mediados de los años ochenta para describir la tendencia hacia la ropa reducida y simple de tonos neutros, inspirada en las hechuras escultóricas y bien proporcionadas de los diseñadores japoneses establecidos en Europa. Las prendas minimalistas son de corte sencillo, recto y de superficies lisas, con una marcada falta de detalles. Buscando este tipo de prendas sencillas, acercándonos a las líneas puras, sin adornos ni artificios, podemos aportar una imagen seria.

Solo puedes responsabilizarte de tus actos

Hay que evitar las estridencias, los colores fuertes, los volantes, los brillos y todos los excesos visuales. Pero no tiene por qué ser un tipo de indumentaria aburrida; si necesitas poner algún elemento que llame la atención, busca que sea solo uno, zapatos, bolso, calcetines o corbata. La idea es que cuantos más elementos vistosos o que llamen la atención y huyan de la sobriedad lleves, menos serio puedes parecer, pero aquí también recuerda que no es que te tengas que ir al extremo. Puedes crear una escala de cuán serio te quieres ver.

Cabello

En el cabello también aplicaremos la norma de la línea vertical. Un cabello liso transmite más seriedad que un cabello rizado. ¡Y atención aquí la lectora de pelo rizado! No significa que te lo tengas que alisar para parecer seria, es solo un elemento más. El cabello rizado aporta cualidades de cercanía, dinamismo y un punto desenfadado. Así que busca solo aquellos elementos que te hagan sentir cómoda, no lo apliques todo, y solo cuando sea necesario. Ya sé que lo digo todo el rato, pero no quiero que me malinterpretéis.

Para los caballeros, la idea es la misma, peinados sencillos de cortes limpios, con la raya marcada, pero sobre todo teniendo los mechones bien controlados.

Expresión

La seriedad suele asociarse a una manera de hablar o a un semblante algo inflexible. Aquella persona que se comporta con seriedad actúa con formalidad y se mantiene a una cierta distancia del resto de la gente. En general la seriedad es menos extrovertida y la expresión usada habitualmente es sobria y puede parecer poco expresiva.

También somos más serios y eficaces si, al dirigirnos a las personas, construimos frases cortas y concisas, sin repeticiones. Personalmente yo tiendo a hacer grandes frases con explicaciones largas, y como me lío a mí misma, siento que el mensaje no lo he transmitido correctamente y que, por tanto, debo repetir lo que ya he dicho, usando ademãs las famosas muletillas. ¿Te pasa?

Por otro lado, me acuerdo de un cliente que tenía un gran dominio de la expresión oral, era de ese tipo de personas que destacan por tener un vocabulario muy amplio y que poseen además un conocimiento de la lengua digna de envidiar; sin embargo, cuando hablaba pasaba de parecer serio a ser arrogante y pedante. Su interés real no era comunicar, sino escucharse y dar lecciones, lo que, en vez de aportarle una imagen de seriedad, le hacía transmitir una imagen de altivez. Mi cliente no lograba conectar con el interlocutor y ese punto es básico para comunicar de manera seria.

Postura

Si siempre estoy diciendo que se debe mantener una postura erguida, en el caso de querer transmitir seriedad esto es aún más necesario. Piensa en la postura corporal de las bailarinas y bailarines, como ya he escrito antes, que parecen ligeros pero estirados por una cuerda que los eleva hacia el techo.

Es importante también intentar mantener la cabeza recta, buscando que tu mentón y el suelo estén paralelos y el cuello erguido para evitar mirar al suelo. ¿Recuerdas una técnica que se usaba hace tiempo para enseñar a los niños y niñas cómo debían caminar y que consistía en ponerles un libro en la cabeza? Pues esa es la postura a la que me refiero.

Rostro

Aunque me duela decirlo, es cierto que si sonreímos menos, siempre pareceremos más serios. Pero mantengo firmemente que no es cuestión de dejar de sonreír, sino de ser moderado sobre todo en las ocasiones puntuales que quieras parecer más serio. En cuanto a la mirada, sí que es bueno mirar a las personas a los ojos mientras hablas y mientras los escuchas. Intenta evitar que tu mirada se disperse y mantenla enfocada. Recuerda usar la escucha activa, mueve también tus músculos faciales para transmitir a tu interlocutor que estás entendiendo el mensaje.

Gesticulación

Como en todo lo que hemos ido comentando, sobriedad. No pienses que es una cuestión de control, porque entonces te sentirás limitado. Piensa más en delimitar tu espacio a la hora de emplear la gesticulación, y de usarla en momentos más puntuales para enfatizar bien lo dicho.

Voz

Es importante que sea cual sea tu tono de voz, tu volumen sea medio y que mantengas un ritmo y una modulación versátil. Tienes que variar según lo que vayas explicando para que tu discurso no parezca monótono. ¡Serio no implica ser aburrido!

Actitud

«La distancia más corta entre dos puntos es una línea recta». Partiendo de esta premisa, para mí tanto la seriedad (línea vertical) como la seguridad (línea horizontal) están íntimamente unidas a la eficacia tanto visual como real.

Y por eso te hablo de ello aquí en el apartado de la actitud. Para mí la seriedad, en cuanto a actitud se refiere, tiene que ver con la responsabilidad y la eficacia en las decisiones del día a día. Ser responsable significa que asumes las consecuencias de tus actos, sin excusas, y que respondes por las decisiones que tomas. Además de esto, tener una constancia en tu manera de actuar ayuda a los demás a percibirte como una persona seria. Si se te da mejor improvisar y en general vas a salto de mata, te será más complicado transmitir seriedad, aunque eso no signifique que no lo seas. Voy a ponerme como ejemplo; yo me considero una persona responsable y seria, pero, sin embargo, también soy del tipo *multitasking,* y a veces la voluntad de llegar a todo hace que no llegue a tanto. Esto me provocó en su día que viviera situaciones incómodas como acudir con el tiempo justo a las reuniones; olvidar el *pen* en una presentación o no tener tiempo de revisar el temario de una clase y tener que pedir a los alumnos que me señalasen en qué punto estábamos, transmitiendo una total falta de interés en la clase; anular citas por tener dos a la vez... y quedar siempre mal. Es decir, dar la imagen de alguien que no da importancia a los demás, y te aseguro que por muchas disculpas que viertas, queda ese resquicio de poca seriedad. Así que me harté de estas situaciones y decidí actuar como una persona seria. Estos son mis mandamientos:

Planear el día. No seas muy estricto ni poco realista, deja espacio entre las actividades, porque lo más normal es que surjan imprevistos que te impidan llevarlas a cabo tal cual. Y no olvides ponerte avisos.

Haz listas. Mantén una lista de quehaceres todos los días y elimina las labores a medida que las termines.

Las tres íes. Para priorizar tus actividades diarias y no morir en el intento es muy útil dividirlas en categorías para crear distintos objetivos e ir centrándote en cada uno de ellos. Te recomiendo el sistema de las tres íes:

—Imprescindible: son todas aquellas actividades, trabajos, llamadas, informes que son urgentes y que deben cumplirse en las próximas veinticuatro o cuarenta y ocho horas porque tienes un *deadline*. Es como un incendio que hay que apagar.

—Importante: son aquellas actividades que debemos cumplir sin prisa, pero sin pausa, no existe una fecha clara y suele convertirse en un problema ya que son normalmente las que vamos procrastinando. Si no las cumplimos, un día las veremos transformadas en imprescindibles.

La felicidad no se busca, se vive

—Interesante: son las actividades a largo plazo, necesitamos tiempo para cumplirlas y requieren de un aprendizaje para poder realizarlas. No son actividades que puedas empezar y acabar en un mismo día, sino que son de larga duración. Tampoco son las actividades más necesarias, pero le aportan valor añadido a tu vida o tu trabajo.

Simplificar y huir de la complejidad. Aprende a decir «no». No se puede estar en todos lados, y hay que priorizar. Comprométete con lo que sea realmente importante para ti, con lo que te ayude a avanzar y te aporte algo positivo.

Conclusión final

La seriedad está más vinculada al ámbito profesional (y es menos necesaria en el ámbito social). Ser serio no es ser distante y tampoco quiere decir ser responsable, aunque existe una vinculación clara. Una persona responsable cumple sus obligaciones con diligencia y seriedad, hace las cosas bien de principio a fin, y esto transmite confianza y tranquilidad. A nivel de la iconología de la imagen, la seriedad la representa una línea vertical, por la rigidez (falta de movimiento), la constancia (responsabilidad) y sobre todo por la sobriedad. De todas las líneas que se usan en la iconología es la que menos espacio ocupa. Por eso la línea vertical también es el punto de partida de la elegancia, que tiene que ver con la seriedad y la sobriedad. Se puede transmitir una imagen de seriedad a través de la imagen, jugando con la indumentaria o con nuestro cabello; de la expresión, con el tono de voz, la gesticulación o nuestra postura; y con nuestra actitud, que en este caso tiene que ver con la responsabilidad y la eficacia en las decisiones del día a día.

9
La jovialidad

Cuando pones en la barra de Google: «¿Cómo parecer más jovial?», lo primero que sale es: «25 claves para parecer más joven», «Cómo vestirse para parecer más joven», «Peinados para quitarte años de encima»... Y yo me pregunto: ¿Desde cuándo la jovialidad tiene que ver con parecer más joven? ¿No puedo ser jovial teniendo la edad que tengo? La verdad es que si me pongo a pensar, conozco a muchos jóvenes que para nada son joviales y a gente mayor que sí.

No busques la perfección, trabaja la excelencia

Si buscamos la definición en el diccionario de la RAE, lo que nos aparece es: «Alegre, festivo, apacible y desenfadado». No dice nada de parecer joven.

Tener una imagen jovial para mí es crear una imagen dinámica, flexible, en movimiento, positiva y relajada. Y todas estas cualidades se pueden trabajar, hay herramientas para ello.

La línea de jovialidad. La línea oblicua

Si recuerdas, en el capítulo 4 («La iconología de la imagen»), la jovialidad estaba representada por la línea oblicua.

Es una línea que aporta las cualidades de dinamismo e inestabilidad. Aunque esta última pueda parecer una cualidad negativa, en iconología la inestabilidad visual no lo es. Cuando miramos una línea oblicua nos parece que puede moverse en varias direcciones: de izquierda a derecha, de forma ascendente o descendente. Así que esa inestabilidad es movimiento. Y esto representa la espontaneidad y la sorpresa. Además tiene otro significado interesante: lo inestable nos permite estar alerta de lo que puede pasar para así encontrarnos dispuestos a cambiar de postura y tomar parte. Es la predisposición al movimiento. Para mí tiene que ver con la iniciativa y la proactividad. No hablamos de inestabilidad emocional.

La jovialidad no es una cuestión de edad. Conozco a jóvenes que parecen mayores y a mayores que parecen jóvenes. La idea es que no hay que confundir la jovialidad con la edad. La jovialidad no es intentar ser más joven, sino poseer una energía juvenil, se tenga la edad que se tenga.

Muchos clientes míos de más de cuarenta años quieren tener una imagen más jovial, pero no parecer más jóvenes. Es decir, no quieren sentirse fuera de lugar. La idea es que hay que aceptar la edad que uno tiene, aportando elementos que nos hagan parecer más joviales sin intentar retroceder en el tiempo. ¿Parece complicado, verdad? Esto me recuerda a una frase que me decía mi abuela Mamuchi cuando no sabía si algo le gustaba o no: «Un poquito sí, un poquito no». Pues eso, un poquito joven y un poquito menos joven.

Cómo detectar mi línea oblicua

En cuanto al físico, es algo más complicado detectar si pareces jovial porque es más una cuestión de expresión, actitud y estilo de vestir que de rasgos faciales o corporales. Sin embargo, sí que puedes observar una línea oblicua en algunos rasgos físicos que pueden dar esa sensación, por ejemplo, tener un rostro con una mandíbula afinada, o unos rasgos con líneas oblicuas: ojos almendrados, cejas ascendentes. Lo que más define tu línea oblicua es la postura corporal que tienes.

Cómo potenciar visualmente mi jovialidad

Imagen

La idea es aportar movimiento visual y real a la imagen para trabajar la sensación de jovialidad. Es decir, conseguir la línea oblicua.

Rostro

Para aportar jovialidad hay que tener buena cara, y para eso hay que descansar. Es cierto que una persona con las ojeras muy marcadas puede reflejar languidez y cansancio, y lo mismo pasa con los rasgos descendentes. Cuidado, no es que sea malo, es que no transmiten jovialidad. Yo tenía una amiga con los ojos muy caídos, pero que poseía una energía muy positiva y jovial. Cuando estaba quieta o seria, los demás siempre le preguntaban si le pasaba algo. Mi conclusión es que ello se debía a su mirada algo tristona (por sus rasgos naturales). ¿Qué puedes hacer si te sientes identificado con estas características?

Tienes varias opciones. En el caso de las ojeras y de las facciones más descendentes lo ideal es el maquillaje, tanto en hombres como en mujeres. La cuestión es encontrar el producto que aporte luz a la mirada sin que se note. Otra alternativa es que, las necesites o no, uses las gafas como elemento «elevador» de facciones y «disimulador» de ojeras, siempre que las gafas en sí no tengan también líneas descendentes.

Indumentaria

Es curioso cómo se va evolucionando en el tipo de ropa que nos ponemos, según vamos teniendo más edad. Y lo he observado tanto en mis clientes como en mí misma.

Cuando eres veinteañero te vistes más o menos como quieres, y si estás estudiando escoges la ropa más por lo que te gusta o lo que se lleva que por lo que debes.

Hacia los treinta, si tu carrera es importante para ti y quieres que te tomen en serio, adaptas tu indumentaria a tu profesión y a tu empresa. La idea es transmitir más seriedad y formalidad. Como estás compitiendo con personas con más experiencia que tú, el objetivo es no parecer un *junior*.

Llegados a los cuarenta y cincuenta años, edades en las que ya no somos tan *junior*, viene una gran crisis de indumentaria, y esto lo he observado tanto en hombres como en mujeres. Todo lo que te has ido poniendo durante los treinta, de repente, te hace mayor... Así, de golpe..., y no entiendes nada. La solución es muy sencilla. Tienes que volver a combinar prendas que se ponen los veinteañeros con las que ahora guardas en tu armario para así aportar un aire más jovial. Por ejemplo, si siempre has ido con traje o con americana y camisa, puedes cambiar la camisa por una camiseta de algodón, o el traje, en vez de entero, ponértelo con un pantalón vaquero.

No puedes cambiar tu entorno pero sí cómo te afecta

La idea es que siempre haya un elemento estilístico informal o desenfadado en tu estilo profesional para aportar ese toque de jovialidad. O añadir ese punto de moda que te dará un toque más actual. Recuerda que eso también lo puedes hacer, aunque seas más joven. Si quieres que tu imagen sea más jovial, combina prendas formales e informales. Dependiendo del nivel de formalidad, aumenta el número de prendas formales o el de las informales. Es una manera de romper la imagen, de conseguir la línea oblicua.

Luego piensa que también las asimetrías en la indumentaria ayudan a que se perciba esta sensación: escotes asimétricos o faldas con los bajos frontales más cortos por detrás, americanas de un solo botón. Todo ello da sensación de movimiento y dinamismo.

Este tema es más complicado en la indumentaria masculina, pues existen menos opciones. En este caso es posible jugar con el color. Tenemos tendencia a usar mucho los neutros para no equivocarnos, sobre todo a nivel laboral, pero un toque de color le da visualmente dinamismo y movimiento a tu imagen. Cuando queremos tener una imagen más creativa o dinámica, lo ideal es usar la mezcla de colores.

Cabello

Todos los peinados o cortes que favorezcan la asimetría aportan sensación de jovialidad.

Entre ellos, los flequillos ladeados, el desfilado frontal, el cabello más corto detrás que delante. Todas las pautas que hacen que el pelo tenga más movimiento real o visual, como las mechas o las iluminaciones.

En los caballeros también son válidos los cortes que aplican alguna asimetría, como los tupes ladeados, los pelos pinchos o directamente los cortes de pelo de efecto despeinado y desenfadado.

Expresión

En general, la jovialidad en la expresión se percibe por una sensación global de ligereza. Si te fijas en la línea, esta es ascendente y eso implica elevación. Esa sensación se percibe cuando ves a alguien y parece que su cuerpo no pesa (independientemente de los kilos), que es ligero. Esa es la sensación de jovialidad. Fíjate en los niños, tienen una facilidad para de repente saltar o correr. No les cuesta ningún esfuerzo. Cuando hablamos de una expresión jovial, me refiero a esa misma sensación corporal de facilidad en el movimiento. Es la sensación de no estar asentado, de no tener peso.

Postura

La postura debe ser erguida, pero que siempre tenga un punto inclinado. Puede ser la cabeza, la cadera o la flexión de una rodilla. Como un cuerpo relajado, pero con la sensación de que se va a poner en movimiento, aunque esté quieto.

Otro punto que es bueno trabajar es estar ligeramente en avance, como echado hacia delante. Como si estuvieras preparado para la acción. Esto pasa también cuando estás sentado, no ocupes toda la silla, espachurrándote. Tu postura debe parecer ligera, o, si no, siéntate con una postura ladeada. Recuerda: la línea oblicua.

En realidad, son posturas que aportan una sensación de «pasotismo *cool*». Algo como hacen los y las *influencers* cuando posan en sus fotos. Fíjate qué pocas veces están rectos. Hay esa sensación de desgarbamiento corporal feliz. Mientras escribo todo esto me río pensando en ti, querido lector, intentando poner estas poses.

Gesticulación

La gesticulación debe ser activa, acompañar las palabras con las manos aporta energía al mensaje. Intenta usar sobre todo la gestualidad ilustrativa que ayuda a enfatizar o completar el significado de lo que estás contando.

Es importante no exagerar y para ello debes mantener tu espacio corporal. Si tus gestos son mucho más amplios y exagerados, parecerás agresivo en vez de jovial. Solo se trata de activar un poco el movimiento.

Voz

Cuando estamos emocionados o nerviosos, el tono de la voz sube. Esto pasa porque las cuerdas vocales se tensan. Cuando queremos transmitir energía con la voz, es importante subir ligeramente el tono, pero sin llegar a ser chillones, ya que esto resultará molesto a la larga.

Ritmo

Para crear jovialidad debes aumentar la velocidad en el habla, aunque no tan deprisa que resulte molesto o no se te entienda. De hecho, las personas que hablan más deprisa de lo normal, que son unas tres palabras y media por segundo, emiten positividad y energía.

Actitud

Como he comentado antes, una actitud jovial no es solo alegría y optimismo, que son las cualidades básicas para transmitir una buena imagen en este sentido, también tiene que ver con la proactividad, la eficiencia y la iniciativa.

Una actitud proactiva implica ser creativo para resolver los obstáculos o tener iniciativa para enfrentarse a ellos. Para eso debes desafiar tu imaginación y potenciar tu creatividad creando estrategias para hacer frente a todos los problemas. Está claro que la vida está hecha de obstáculos y no podemos evitarlos, así que tener una actitud jovial y activa te ayudará a vivirlos de manera distinta. La solución no es evitarlos.

Para ello hay que asumir el rol de protagonista, para tomar decisiones con cierta frecuencia y aceptar los cambios. Tengo una amiga, Laura Gascón, que es una de las personas más creativas que conozco, no en el sentido clásico, sino con las palabras (ella crea acrósticos). Y me gustaría compartir contigo una de ellas, que para mí representa la actitud activa y jovial de la que te estoy hablando. La palabra es FAMA, que tiene que ver con asumir el rol de protagonista. La fama hace de ti el centro de atención.

Pero en este caso, y haciendo un acróstico con la palabra, la fama también se define así:

F-Flexibilidad

A-Agilidad

M-Mental

A-Adaptabilidad

Flexibilidad para aceptar los cambios u obstáculos que la vida te va poniendo delante. Como ya sabes, aunque lo planifiques todo, las cosas no salen tal y como pensamos. Y tienes dos opciones: enfadarte por ello y no avanzar o aprender a ser flexible y ver las oportunidades que te ofrece este cambio. A mí me encanta esta frase anónima: «Si te quejas, te estancas; si agradeces, avanzas», y pensarás que qué hay que agradecer en un obstáculo, pues lo que te he comentado antes: la oportunidad de ver la situación con una nueva perspectiva.

Cuando hago cursos de formación con equipos de venta y tratamos el tema de las reclamaciones, les hablo de este tema. Está claro que, cuando vendes un producto, no quieres que lo devuelvan, pero esta situación se produce y no podemos hacer nada para evitarla. Lo que sí podemos hacer es tomar la decisión de cómo nos enfrentamos a ella.

Lo habitual en esta situación, o en situaciones más desagradables, es intentar esquivarla; físicamente se traduce en cruzar los brazos, alejarse de la persona o ponerse más serio. Esta actitud en una reclamación está indicando al cliente que no te quieres enfrentar a la situación, y eso se puede traducir como una falta de coraje o que directamente estás transmitiendo culpabilidad. Así que lo ideal para crear flexibilidad visual es una postura en avance, abierta, y con una sonrisa, preparados para lo que haga falta.

Agilidad mental para poner en marcha la creatividad de la que te hablaba antes para encontrar cómo solucionar los obstáculos o aprovechar la situación a tu favor. Hay que ampliar la perspectiva y buscar ideas nuevas que quizá no pensemos que aporten nada en un principio, pero que una vez verbalizadas no parecen tan irreales. En eso se basa el *brain storming* o así se aplica en esta maravillosa frase de Albert Einstein: «Si buscas resultados distintos, no hagas siempre lo mismo».

Adaptabilidad para integrar todos estos cambios a tu día a día o a tu nueva situación. Se puede trabajar la adaptabilidad. El cambio no viene solo de la aceptación (flexibilidad) o de encontrar la alternativa (agilidad mental), sino que también necesita del proceso de integración para que sea real y eso implica adaptabilidad, que sería la capacidad de modificar la propia conducta para alcanzar determinados objetivos. Así es el movimiento de cambio.

Y para ello te voy a dar algunas pautas que aplicadas a diario se convertirán en un hábito y te aseguro que te ayudarán mucho a conseguir una actitud activa y jovial:

—Date el permiso para cambiar de opinión en una relación porque las relaciones personales y las personas cambian constantemente.

—Centra tus esfuerzos en tu círculo de influencia y en el momento presente. Dedícate a aquellas cosas por las que puedes hacer algo.

—Recuerda que tener una actitud jovial no tiene que ver con la hiperactividad. Ser jovial no significa actuar deprisa, de forma caótica y desorganizada, dejándote llevar por los impulsos...

Conclusión final

Tener una imagen jovial es crear una imagen dinámica, flexible, en movimiento, positiva y relajada. La jovialidad se representa con la línea oblicua, que aporta las cualidades de dinamismo e inestabilidad. La inestabilidad es movimiento y también estar preparado para el cambio. La jovialidad no es una cuestión de edad, no es parecer más joven, sino cultivar una energía juvenil. Y eso se trabaja a través de nuestra imagen, ayudándonos del maquillaje o la indumentaria. También con la expresión de nuestro rostro o con la postura de nuestro cuerpo para conseguir ligereza, que no nos cuesta movernos. Y, sobre todo, es clave la actitud, la jovialidad no es solo transmitir alegría y optimismo, también tiene que ver con la proactividad, la eficiencia y la iniciativa.

10
La buena imagen

Es importante tener una visión realista de quién eres y también de cómo eres. En el capítulo 3 («Aprender a mirarse») describo la manera de hacerlo. Da miedo enfrentarse a la realidad que devuelve el espejo porque solemos vernos mucho peor de lo que somos. Pero es una prueba que es útil pasarla, pues el no tener falsas expectativas y el entender cómo es nuestro cuerpo es una gran ayuda a la hora de construir nuestra imagen.

Yo no creo en el prototipo de imagen perfecta y además no voy a proporcionar en estas páginas las pautas para crearse una. Esto te puede llevar a la siguiente pregunta: «Entonces ¿por qué me he comprado este libro?». Trataré de explicarlo a continuación.

Tener una buena imagen se vincula al objetivo que tú tengas. Es decir, hay que entender cuál es tu objetivo, qué quieres transmitir y qué es lo que ya transmites. A partir de estos puntos ya se puede empezar a construir una imagen. Por ejemplo, para muchas personas Steve Jobs no tenía una apariencia de director de una gran empresa. Su jersey de cuello alto, los vaqueros y las bambas no seguían el protocolo de la manera de vestir de los grandes empresarios. Pero eso no significaba que transmitiera una mala imagen. Al contrario, si pensamos en cuál era su objetivo, su forma de presentarse era totalmente adecuada. Y de estos ejemplos hay muchos. Lo que es importante saber es que cualquier imagen, aunque parezca informal, tiene un propósito. Como el caso de Mark Zuckerberg, el que vaya siempre con camiseta o sudadera gris tiene una razón concreta. En una entrevista él comentó: «En realidad quiero aclarar mi vida para hacerla sencilla y así tener que tomar la menor cantidad de decisiones posibles sobre cualquier cosa, excepto sobre la forma de servir mejor a esta comunidad. Siento que no estoy haciendo mi trabajo si gasto energía en cosas tontas y frívolas sobre mi vida». Es cierto que no es una razón para tener mejor imagen, pero es su razón.

No soy perfecto, pero partes de mí son excelentes

Lo que sí es verdad es que, una vez detectado y reconocido tu objetivo u objetivos personales (pueden variar cada día), debes recordar que la imagen es evolutiva a lo largo de la vida. A continuación te facilito las características que debes tener en cuenta de manera general para elaborar una buena imagen.

Características para construirse una buena imagen

La higiene

Sé que estarás pensando que esto de la higiene es un punto obvio, pero te aseguro por mi experiencia que no lo es tanto. No hay duda de que para un primer impacto es necesaria la higiene corporal. Quizá es la única característica que me parece que tiene una implicación directa con lo que quiere decir tener una buena imagen. Una buena imagen y por lo tanto una buena comunicación.

En las empresas pasa a menudo que alguna persona del equipo no tiene en cuenta la higiene diaria. Es una persona que no le da importancia. Hasta aquí puede parecer normal y hasta una elección personal de la que no tenemos que opinar. Pero la cosa está en que vivimos en comunidad. Y más en el ámbito laboral. ¿Qué suele pasar habitualmente en estos casos?, pues que el resto de trabajadores va aislando a esta persona, porque nadie quiere entrar en su despacho, o acercarse. Y aquí ya no estamos frente a un problema de higiene personal, sino que ya es un problema de comunicación entre trabajadores. Aquí es cuando me preguntáis: «... Y ¿qué hacemos? ¿Cómo se lo decimos?».

Lo primero es detectar si es un problema de dejadez habitual, si es una persona que no tiene el hábito de ducharse, o si lo hace solo por la noche (muchas veces para poder dormir más por la mañana), o si realiza algún tipo de trabajo físico que le hace considerar que no es necesario ducharse por la mañana.

En mis ponencias siempre digo: «¡DUCHAOS!». Y todo el mundo se ríe porque piensa que estoy diciendo algo obvio. Pero aporto un matiz: «¡Duchaos por la mañana!». Y entonces ya se ríen menos. A veces no tenemos en cuenta que por las noches se suda o se hacen otras cosas que inevitablemente dejan un olor característico. Es importante entender que si trabajas con personas, y te quieres relacionar, tu olor forma parte de los elementos que debes tener en cuenta, aunque tú no te huelas....

También puede pasar que el problema de higiene de esa persona no era tal y que poco a poco hemos ido observando una cierta dejadez por su parte, entonces es muy probable que esa persona lo esté pasando mal en algún ámbito de su vida. Los psicólogos siempre dicen que uno de los signos de que alguien está pasando por un mal momento es la dejadez física. Y cuando se descuida el aseo personal, repercute de manera negativa en su imagen y esto a su vez en su autoestima. Es un círculo vicioso.

Así que lo primero es interesarnos por el estado emocional de esa persona antes de poder pedirle un cambio en su higiene personal. La manera en la que nos vemos a nosotros mismos y en cómo nos perciben los demás impacta en nuestra autoestima y motivación, y la higiene es el primer paso.

La higiene también incluye los dientes, el cabello y la indumentaria. No sería la primera vez que me encuentro con alguien que se ducha, pero que se pone la misma ropa cada día.

El cuerpo

A mi parecer no existe un modelo único de cuerpo que transmita lo que es una buena imagen. No existe una altura, anchura, color o forma que sean ideales para etiquetar de esa manera. Cada persona tiene una percepción de lo que es un cuerpo perfecto a pesar de los cánones de belleza que nos dicta la sociedad. Y menos mal, si no seríamos todos iguales..., ¡qué aburrimiento!

Como digo y repito, tener una buena imagen depende completamente del objetivo que tengamos y de lo que queramos transmitir. Sí que es cierto que a través de la iconología podemos descubrir qué primer impacto puede tener mi cuerpo a la vista de los demás. No es cuestión de buena o mala imagen, sino de las cualidades que podemos proyectar: seriedad, seguridad, agresividad, cercanía... Tu cuerpo como elemento compuesto de líneas, formas y volúmenes por sí solo ya transmite algunos conceptos que quizá no tengan nada que ver con lo que eres. Ya lo hemos visto en el capítulo 1 («La primera impresión»), lo que queremos transmitir se ve muchas veces anclado a cómo soy físicamente. Por eso insisto tanto en que se debe aceptar nuestro cuerpo tal y como es y a partir de lo que me han regalado mis padres trabajar hacia el objetivo que me interesa. Todo lo que le puedas añadir o modificar (indumentaria, complementos, expresión o actitud) sí que dependerá de ti. Y en este sentido yo soy muy partidaria de que si hay algún elemento de tu cuerpo que no te gusta y puedes hacer algo para que te guste más, hacerlo. En ese sentido también podemos usar la indumentaria, el maquillaje, el deporte o lo que sea. Hace unos años me sentía insegura con mi sonrisa, porque con la edad los dientes se me habían movido. Pues en cuanto pude me puse un aparato y me lo arregle. Me dio seguridad y se nota en mi actitud.

Lo que sí te puedo decir es que las personas que se sienten a gusto con su cuerpo tal y como es suelen transmitir una sensación de bienestar, seguridad y positividad que ayuda a aportar una buena imagen.

Las manos

Otra vez estamos con los pequeños detalles, pero que en conjunto crean o pueden crear una imagen potente. Las manos, sobre todo para los latinos, son una poderosa herramienta de comunicación. Los gestos que acompañan a las palabras ayudan a vehicular de manera correcta el mensaje y a enfatizarlo. Lo cierto es que una persona que no usa las manos en una conversación transmite poco... o nada. Y evidentemente tampoco es bueno excederse en su uso, pues puede generar una imagen abrumadora, pero el no emplearlas aporta frialdad a la imagen global. Y en ciertos casos, incluso rompe la comunicación. Así que, siendo nuestras manos una poderosa herramienta, deberíamos fijarnos más en ellas.

Las pautas que se deben seguir pueden ser muy sencillas: uñas cortas y pulidas para los caballeros. Y lo mismo para las señoras. Aunque ellas tienen más juego, cuidado con la manicura. Atención a los desconchados, ya que aportan una imagen de dejadez; o a las uñas excesivamente largas y llamativas, pues pueden comunicar una imagen más artificial (pero no mala, insisto, pues cada uno es libre de decidir cuál es la buena imagen que quiere transmitir).

En lo que sí hay consenso de que ofrece una imagen negativa es en las uñas mordidas. Querido lector, si te comes las uñas, es el momento de parar... y sin excusas. Es imposible transmitir una imagen segura y creíble mordiéndose las uñas. Si esto ocurre, el interlocutor será incapaz de dejar de mirar. No vale disimular cerrando los puños, pues esa acción ofrece una imagen agresiva. No tienes más remedio, ¡PARA YA!

La indumentaria

La indumentaria es una poderosa estrategia de comunicación, a pesar de que hay muchos que piensan que es un elemento superficial. Pero el no darle importancia también envía un potente mensaje. Tener en cuenta la indumentaria no quiere decir tan solo ir bien vestido, sino encontrar el vestuario adecuado que refleje quién eres, tus creencias, y que a la vez te pueda ayudar a conseguir tus objetivos.

Como dice Víctor Gordoa, autor de *El poder de la imagen pública**, «primero hay que ser y después parecer». Y tan importante es lo primero como lo segundo. La ropa se convierte así en el refuerzo

---

* Gordoa, V.: *El poder de la imagen pública*, Edamex, Ciudad de México, 1999.

de una posición, en vehículo transmisor de un mensaje. Pero insisto, no existe una única pauta para tener lo que popularmente se llama «una buena imagen», pues esto siempre va unido a quién eres y qué quieres.

No me gusta que se juzgue a la gente por su indumentaria, sin pararse a entender por qué va así vestida, cuáles son los motivos. Cuando acabé los estudios de asesoría de imagen, como cualquier estudiante, pensaba que tenía las respuestas a todos los problemas estilísticos mundiales, y me creía con la capacidad y autoría suficiente para juzgar si una persona iba mal o bien vestida. Supongo que esta prepotencia estudiantil nos pasa a todos. Bueno, pues iba yo con esta actitud por la vida y, cada tarde, cuando iba a recoger a mis hijos al colegio, veía a una señora que esperaba también a los suyos, pero siempre llevaba un vestido de lentejuelas o brillantes. Como asesora de imagen, con título reciente, pensaba que ponerse un vestido de lentejuelas a las cinco de la tarde no era muy correcto y me parecía una falta de gusto tremenda. Cierto es que no es muy corriente y como poco es sorprendente. Pero mi mirada sobre esta señora era de «prepotencia estilística».

Un día, que los niños tardaban en salir, se me acercó para preguntarme si yo sabía el motivo del retraso. Y así empezamos a hablar un poco de todo. Y en un momento dado, yo soy muy bocazas, no pude resistirme a preguntarle el porque del vestido diario de lentejuelas, intentando de la mejor manera posible esconder mi horrible prejuicio. La señora me contestó que entendía que no era lo correcto, pero que desde que había fallecido su marido, si no le ponía un poco de brillo a su vida, no se levantaba de la cama... Me quise morir de la vergüenza y de la pena... No digo que desde ese día ya no juzgue a nadie por su indumentaria, ya que es imposible, pues ya sabes que en un primer impacto siempre se emite un juicio, pero sí que, pasado ese primer momento, espero a entender el objetivo de la persona.

Así que sea para bien o para mal tampoco podemos negar la importancia de la indumentaria y el primer impacto que crea.

Por eso en la indumentaria de cada uno es preciso estar atento a qué nos ponemos y también a cómo nos lo ponemos. Los pequeños detalles serán los que finalmente ayuden a proyectar la imagen que queremos mostrar. A veces es más importante que la ropa que elijas te favorezca y te siente bien, y no que estés a la moda o que lleves lo que todo el mundo espera.

Por ejemplo, si tenemos una entrevista de trabajo, antes de ponerte el típico traje chaqueta, debes valorar ciertos elementos:

—Qué quieres transmitir: ¿una imagen muy formal? ¿Clásica? O quizá algo más acorde al puesto al que te presentas.

—Cuál es el código de esa empresa: quizá la empresa a la que vas no tiene un código estricto y presentarte en traje chaqueta dice que no te has parado a analizar dónde vas.

—¿Realmente te favorece? A veces veo a chicos jóvenes que van con traje chaqueta y les queda grande..., como si hubieran cogido prestado el traje a sus padres, y la verdad es que la credibilidad se pierde por completo.

—¿Está en buen estado? Cuidado con los descosidos, descoloridos, ausencia de botones, manchas... A menos que sea una cuestión de moda.

—¿Envía algún mensaje equivocado? Hay prendas que por distintos motivos, por ejemplo, por sus connotaciones históricas, pueden, sin querer, aportar una imagen equivocada.

Estas preguntas debes también planteártelas en otras situaciones: cómo vestirte para la presentación de un proyecto, para una reunión de trabajo o para una cita...

Los zapatos

Es curioso que, cuando nos presentan a alguien por primera vez, nuestra mirada se dirige hacia los zapatos, como para confirmar la credibilidad global. ¿No te pasa? Es conveniente, entonces, no olvidarse del calzado y que sea coherente con el resto de la imagen que nos estamos construyendo. Sea cual sea el objetivo, volviendo al concepto de higiene, si el calzado está limpio, mucho mejor.

El rostro

Siempre se ha dicho que la cara es el espejo del alma y, como leerás en el capítulo 12 («La buena expresión»), el rostro es el centro de todas las emociones más visibles.

En general nos fijamos en los rostros de los demás antes que en su cuerpo, ya que tiene mayor visibilidad. Cuando conocemos a alguien solemos fijarnos en su cara, en sus facciones, y por estos detalles lo identificaremos.

Justamente por esta razón todos los elementos externos que añadimos tienen su importancia, ya que pueden ayudarnos a definir y potenciar tu imagen personal.

La óptica

Las gafas son más que un elemento para mejorar la visión, enmarcan la mirada y, si no escogemos correctamente su forma, grosor o color, pueden aportarnos una primera impresión equivocada o por lo contrario ayudarnos a potenciar la imagen que queremos transmitir.

¿No te ha pasado nunca que conoces a una persona que las lleva y que cuando te acuerdas de ella solo recuerdas sus gafas? Es que son un captador de imagen muy potente que puede que a veces tome el control sobre tu presencia. No lo digo porque sea negativo, pero por tenerlo en cuenta.

Acepta lo que ves, quiere lo que eres

Otro tema que me parece interesante que consideres es el usar la óptica como un elemento de imagen, aunque no lo necesites en cuanto a la vista. Al igual que usamos la indumentaria, el cabello o la comunicación para potenciar ciertas cualidades en momentos concretos, es muy útil emplear la óptica. Hoy en día nadie te va a preguntar si realmente las necesitas.

Este es un aspecto, el uso de la óptica por imagen o placer, que me reconforta y me satisface mucho. Antes usar gafas era un trauma para muchos niños, y además motivo de burla. Hoy en día está normalizado y es un complemento más.

En un principio las gafas destacan más que las cejas y los ojos, o es con lo primero que se topa la mirada del otro. Por lo tanto, como en la indumentaria, es importante ir más allá de lo que nos gusta y fijarnos sobre todo en lo que transmitimos. Las cejas y los ojos son la parte más expresiva de nuestro rostro. Cuando elegimos el tipo de gafas que nos pondremos, tenemos que procurar que no escondan (a menos que sea intencionado o sean las de sol) nuestra mirada y las cejas.

Para entender qué cualidades puedes potenciar con la óptica te hago un pequeño resumen:

FORMA	CUADRADA	OVALADA	REDONDA	TRIANGULAR	RECTANGULAR
	Aporta seguridad y potencia la angulosidad en el rostro.	Aporta una imagen cercana y suaviza una imagen dura.	Aporta una imagen jovial.	Aporta contundencia a la imagen.	Aporta una imagen más seria.

GROSOR	FINO	MEDIO	GRUESO
	Despeja el rostro y puede acentuar las facciones grandes.	Mantiene la armonía de la imagen y el rostro.	Aporta una imagen más contundente.

COLOR	CLARO	MEDIO	OSCURO
	Llama la atención sobre las gafas más que sobre el rostro. Esconde las facciones, además de ser el único foco de atención.	Mantiene la armonía del rostro y son más combinables.	Es más contundente y endurece las facciones.

Estas pautas te ayudarán solo a identificar lo que transmiten las gafas en sí y las cualidades que potencian. El tema de si te favorecen o no es más una cuestión de armonía visual, gusto personal y moda.

La mejor manera para ver si las gafas que has elegido te favorecen o no es hacerte una foto en vez de mirarte al espejo. De esta manera logramos un poco más de objetividad. Cuando te miras al espejo solo miras las gafas; en cambio, si te ves en una foto tienes en cuenta también tu rostro.

El maquillaje

Maquillaje, sí. Maquillaje, no. El tema suele ser polémico. Cada uno (ya ves que no me refiero solo a las mujeres) que haga lo que quiera, pero hay aspectos obvios: un poco de maquillaje bien aplicado puede ayudar, por ejemplo, a disimular el cansancio. Esta herramienta, bien empleada, puede proporcionar un aspecto más fresco y también hacernos sentir más bellos, y por tanto seguros. Esto mejora la comunicación con los demás, ya que un rostro con un aspecto descansado pero natural da la sensación de más disponibilidad visual. ¿A qué me refiero con disponibilidad visual? Fácil: cuando ves a una persona con un rostro cansado, transmite menos energía y si le tienes que pedir algo, pues da más apuro. En cambio una persona con un rostro vital y descansado parece más disponible.

La gran excusa de todos para no usar maquillaje es que quita naturalidad a la imagen, y no estoy de acuerdo con esta afirmación. Es una herramienta más de comunicación que bien usada nos ayuda a proyectar los valores que queremos.

El maquillaje resalta los rasgos. Ayuda a potenciar aquellas zonas del rostro que ya son bonitas naturalmente e interesa lograr que los demás se fijen en esos rasgos, que llamen más la atención. Existen maneras muy naturales de maquillarse.

La segunda excusa que más oigo es que da pereza desmaquillarse... Bueno, bueno, bueno, esto ya es tema de higiene, querido lector. Además hoy en día existen desmaquillantes maravillosos como el agua micelar, con la que en un plis está hecho. Y que, por cierto, también va bien que te la pases por el rostro, aunque no te hayas maquillado.

Si eres de los que te pones mucha cantidad, te advierto que lo que consigues es una imagen más impostada. No es malo, pero hay que ser consciente de que mucho maquillaje favorece una imagen más artificial.

El cabello

Esto no es difícil de entender. Hay que peinarse... por delante y por detrás. ¿Te has fijado que a veces hay personas que se peinan solo por delante y cuando se giran, observas que se les ha quedado marcado en el cabello el hueco de la almohada? No es que sea un crimen, pero si has mantenido una conversación y acabas observando ese detalle, lamentablemente puede que sea de lo único que te acuerdes al final de esa persona. Te puede parecer que estoy exagerando, y lo entiendo, pero, como ya te he comentado anteriormente, cuidar los pequeños detalles es lo que te va a ayudar a conseguir más credibilidad. Como siempre digo en mis ponencias, ¡#nomasabujeros-dedormir!

Por lo demás, claro que el peinado, color, corte que lleves va a influir directamente en la imagen transmitida. Tengo muchos clientes que vienen a la consulta para mejorar su aspecto estilístico y solo quieren centrarse en la indumentaria. Pero yo siempre les comento que no somos solo cuerpo y ropa. Que ir bien vestidos con un cabello despeinado o mal cuidado anula el efecto positivo de la indumentaria. Tenemos que valorar el conjunto.

Eso no significa que debamos ir a la peluquería cada día, pero sí mantener una cierta coherencia global y un aspecto cuidado. Por ejemplo, existe un tema que las señoras me suelen preguntar a menudo: «¿Debo cubrirme las canas?». Digo señoras porque siempre se ha pensado que a los hombres les favorecen más las canas..., pues a ellas también. El secreto está en que en los dos casos las canas se vean cuidadas.

Lo que tienes que saber es que las canas pueden aportar un aspecto de madurez y acentúan la edad. Pero si no quieres parecer mayor debes trabajar la jovialidad en tu indumentaria o en el tipo de peinado que decidas llevar, sin tener que pasar por el tinte. Por eso tener canas no supone un impacto negativo en tu imagen.

Pelos varios

Otro aspecto importante, y hago hincapié en los caballeros, es controlar los pelos de las cejas, la nariz, las orejas y el pecho. No es que sea malo ser peludo, lo único es que los pelos descontrolados (sobre todo en el rostro) desvían la atención de la conversación. ¿No te ha pasado nunca que estás hablando con alguien que tiene las cejas muy peludas y despeinadas y no puedes apartar la mirada? O estar en una conversación intensa con alguien y solo fijarte en ese pelito que le sale de la nariz. Pues eso.

La idea es que, si tienes las cejas o la barba pobladas, se vean cuidadas, así como los pelitos de orejas y nariz, para no crear un único captador de imagen.

Y otro consejo para los caballeros que se están quedando calvos, lo mejor es raparse. Cuando no queda..., no queda. Y sé que es especialmente doloroso, pero mantener ese centímetro de cabello deja entrever con mucha más facilidad la ausencia del mismo. Además, ya no es un estigma, ¡los hombres con el pelo rapado pueden ser muy atractivos! Palabra de esposa de calvo.

Conclusión final

Es importante tener en cuenta que una buena imagen se vincula al objetivo que se tenga. Es decir, hay que entender cuál es el objetivo, qué se quiere transmitir y qué es lo que realmente se transmite. Por eso hay una serie de características que pueden guiar y servir para construirse una buena imagen:

— la higiene,
— el cuidado del cuerpo y de las manos,
— la importancia de la indumentaria y de los zapatos,
— el cuidado del rostro y todo lo relacionado con las gafas, el cabello o el maquillaje.

11
La buena expresión

Tener una buena imagen causa un gran impacto en la primera impresión que transmitimos a los demás; sin embargo, si no sabemos «llevar» esta imagen externa de manera coherente, todo el trabajo que hemos elaborado se puede ir al traste... Las personas realizan juicios rápidos en función de cómo hablamos, qué tono utilizamos o qué gestos hacemos mientras hablamos.

Saber mover el cuerpo y proyectar la voz de manera que nos favorezca y nos ayude a alcanzar nuestros objetivos es un punto importante. Como has podido comprobar en el capítulo 1, el 38 por ciento de la imagen que transmitimos es por el lenguaje no verbal y el 7 por ciento por el verbal. Así que entender cómo lo usamos y cómo le afecta a nuestra imagen tiene su importancia.

Pero recuerda que no se trata de falsear nada, debes empezar analizando cómo es tu movimiento y tu voz, para observar qué transmite y a partir de ahí decidir qué puedes mejorar. Para esto ya sabes que no hay mejor manera que verse en un vídeo. Sé que es muy doloroso porque es un ejercicio de realidad brutal, pero siempre salimos mucho mejor de lo que pensamos. No intentes analizar el vídeo como si fueras tú la persona que sale en pantalla, sino obsérvalo como si estuvieras analizando a otra persona. Con este punto de objetividad, lo que veas no te parecerá tan malo. Es triste, pero solemos ser más duros con nosotros mismos que con los demás.

Haz un análisis de todos los puntos que aparecen en este capítulo sin juzgar si es bueno o malo. Solo observa. ¡Piensa que a partir de un análisis objetivo solo se puede mejorar! No todos tenemos que saber comunicarnos perfectamente, pero sí saber cuáles son nuestros puntos fuertes y potenciarlos a la par que detectar lo que no se nos da bien e intentar mejorarlo, o directamente asumirlo. Tampoco pasa nada.

En mi caso, por ejemplo, como comunicadora yo tengo un gran defecto, que es decir muchas palabrotas. Lo sé y cada vez que hablo con alguien o doy una ponencia, me concentro especialmente en este punto, pero siempre se me escapa alguna. He decidido que forma parte de quien soy y que aun sabiendo que no me favorece es un punto que al final caracteriza mi imperfección comunicativa, y eso también es autenticidad. Así que no intentes hacerlo todo a la perfección, sino que trata de buscar las pautas que te van a ayudar a mejorar tu comunicación sin perder tu esencia.

Estas son algunas pautas que te pueden ayudar a tener una mejor expresión.

Pautas para una buena expresión

Postura corporal

Es importante que sepas que mantener una buena postura corporal no solo influye en lo que estás transmitiendo a los demás, sino que directamente afecta a tu conducta. Recuerdo que mi madre siempre me decía que en clase, por mucho que me aburriera, no me pusiera como hacen la mayoría de los estudiantes: semiestirados sobre el pupitre aguantándose la cabeza con las manos. Me lo decía por dos cosas:

1.- Porque la imagen de aburrimiento que le daba al profesor era una falta de respeto hacia él/ella.

2.- Porque, aunque yo tuviera la sensación de que escuchaba, mi cerebro en esa postura no recibía la información de la misma manera.

En cuanto al punto 1, no puedo estar más de acuerdo con ella (las madres siempre tienen razón, aunque nos cueste reconocerlo. Mamá, te quiero). Tu cuerpo habla: si apoyas la cara en tu mano o si cuando estás sentado no controlas las piernas o el movimiento de los pies, vas a dar una impresión que quizá difiere totalmente de cómo te sientes realmente.

Y no me estoy refiriendo a la kinésica*, que estudia el significado de los movimientos corporales y de los gestos aprendidos, sino a las famosas expectativas visuales que generan tus posturas. Según la postura de alguien, puedes sacar conclusiones a veces equivocadas.

Voy a poner un ejemplo que siempre expongo en mis ponencias: imagínate que vas a un centro comercial y que necesitas una información. Te diriges al mostrador y ves a dos personas con posturas distintas:

Persona 1. Postura erguida pero relajada, hombros rectos, rostro en postura neutral y sonrisa.

Persona 2. Postura descendente, apoyado en cadera, esternón hundido, cabeza baja y sonrisa.

Pues bien, te vas a hacer una expectativa visual y corporal de cada una de ellas, y lo mismo te parece que la persona 1 es más activa y resolutiva que la persona 2, que de entrada te da la sensación de que es lánguida y que está cansada. Así que si vas a pedir información instintivamente te dirigirás a la persona 1. Y lo gracioso es que puede que en realidad sea todo

---

* Si quieres saber más sobre kinésica te recomiendo el siguiente libro: Pease, A. y B.: *El lenguaje del cuerpo*, Barcelona, Amat editorial, 2011.

lo contrario. Pero ¡así funciona la mente! ¡Lo que veo es lo que me creo y si no lo veo no lo creo!

Pero eso no es todo, tienes que saber que además de las expectativas visuales que genera tu postura, también transmite un estado de ánimo. Y si ese estado de ánimo es el equivocado, afecta a la percepción que tienen de tu conducta, y eso es más grave que si las expectativas visuales que generas son confusas. Y precisamente a esto era a lo que se refería mi madre.

Cuando doy clases en la universidad y veo que los alumnos escuchan así, sosteniendo la cabeza con las manos como si la clase fuera un rollazo (y puede que lo sea), siempre les digo que nunca saben qué profesor tienen delante y también que cualquier clase puede ser como una entrevista de trabajo. En mis clases, por ejemplo, si necesito contratar algún becario, me fijo mucho en cómo escucha y, claro está, en su actitud. Y sí, puedes pensar que quizá la postura sea la correcta, pero que, sin embargo, no esté escuchando realmente... No obstante, por lo menos, su actitud es de interés y respeto. Llámame anticuada....

Así que si quieres trabajar una postura para conseguir presencia, y por lo tanto que te vean, practica una que sea buena. Perdemos muy rápidamente conciencia de nuestra postura corporal (ya sea sentados o de pie), sobre todo cuando estamos concentrados o cansados, y es totalmente comprensible. Nuestro cuerpo rápidamente se coloca en una postura de descanso: hombros caídos, esternón bajo y apoyado sobre la cadera. Pero a nivel externo puedes transmitir sensaciones visuales que no te favorecen. Las pautas son sencillas: tener una posición erguida no significa sacar pecho, este gesto puede aportar altivez a tu imagen y además te acabará doliendo la espalda. Ponerse recto, como se dice comúnmente, es mucho más sencillo y práctico.

Coloca el dedo índice en el ombligo y el pulgar en el esternón, y entonces estira el espacio entre los dos dedos. Esto es crecerse naturalmente. No es fácil aguantarlo todo el día, pero piensa que también refuerzas los abdominales y te permite aligerar tus andares. También es un movimiento maravilloso para mejorar la comunicación, ya que en esta zona se sitúan las emociones, y es más fácil comunicarse con los demás cuando las emociones están bien colocadas y abiertas. Ahora sí, no te obsesiones y vayas todo el día con los dedos en el ombligo, pero si lo haces por la mañana y vas teniendo conciencia de tu postura poco a poco ya no te costará y será un hábito.

En cuanto al segundo punto al que se refería mi madre, me gustaría hacer referencia a Amy Cuddy. Con su charla TED descubrí que realmente el uso de tu cuerpo influye directamente en tu conducta. Amy Cuddy es una psicóloga social estadounidense e hizo un estudio muy interesante sobre lo que ella llama la postura de *superwoman*. Te recomiendo encarecidamente su charla TED, que puedes visionar en Internet, o su libro, que ya te he mencionado en el capítulo 6 («La seguridad»).

El cuerpo y su uso influyen en la conducta

Para comprobar el efecto de la postura sobre la mente, ella midió en un experimento los niveles de testosterona y cortisol de un grupo de personas en distintas posturas. La testosterona es la hormona del poder, que a niveles altos crea sensación de seguridad y de suficiencia; el cortisol, la del estrés. Cuando nos sentimos seguros y poderosos solemos tener un alto nivel de testosterona y un bajo nivel de cortisol. El experimento consistía en poner a diferentes personas durante dos minutos en posturas poderosas y a otras en posturas débiles, y medirles los niveles de las hormonas con un test de saliva.

Los resultados fueron increíbles, en el grupo de las posturas poderosas se obtuvo un 20 por ciento más de testosterona y un 10 por ciento menos de cortisol y, por el contrario, en el grupo de las posturas débiles se obtuvo un 25 por ciento menos de testosterona y un 15 por ciento más de cortisol.

Como en todo lo demás, no es cuestión de falsear nuestra postura constantemente (¡qué cansancio!), pero sí de ser consciente de la importancia que tiene a nivel visual y sobre todo conductual.

Si utilizas la postura correcta, inmediatamente te sentirás bien. La próxima vez que notes que te sientes con poca energía, observa cuál es tu postura. Es muy probable que te descubras con la espalda curvada, los hombros caídos, el esternón bajo…, y esto impide una buena respiración, lo que a su vez te puede hacer sentir nervioso, decaído y con poca energía.

Así que ¿por qué no usar la postura a tu favor cuando la necesites? Es una herramienta más para mejorar tu presencia y, cómo no, tu autoestima.

Ritmo

Todos tenemos distintos ritmos de comunicación: algunos hablamos rápido, otros nos movemos más despacio. También depende de las situaciones: si tenemos prisa, vivimos una situación estresante o estamos relajados.

Lo importante es que observes que tu ritmo puede ser totalmente versátil y variable. Pensarás que esto que estoy señalando es obvio, pero es importante aprender a detectar nuestros diferentes ritmos para aprender a usarlos a nuestro favor. Como siempre, no es cuestión de falsear o aparentar, ya que estás aprendiendo a usar tus propios recursos y no los recursos generales.

Cuando quieras conectar con los demás en una conversación, reunión o cualquier situación que te interese, te aconsejo que antes de abalanzarte sobre una persona, observes cuál es su estado rítmico —si se mueve rápido o si está más bien relajada...— y entonces acerques tu ritmo al suyo. Es una manera muy eficaz de conectar con los demás. Es una forma también de trabajar la empatía. Yo lo llamo empatía rítmica.

Siempre pongo este ejemplo cuando trabajo con los equipos comerciales de las empresas o las personas que trabajan de cara al público. Imagínate que tienes prisa y necesitas comprarte una camiseta blanca muy urgentemente y tienes solo unos minutos. Entras a toda prisa en la tienda, vas de un sitio a otro buscando frenéticamente la camiseta que no encuentras y además no hay ningún vendedor para ayudarte. Cuando ya te quedan pocos minutos, por fin se te acerca un vendedor que en vez de observar tu ritmo e intentar acoplarse a él, viene relajado, y con un tono tranquilo, lento y pausado te dice: «Hola, bienvenido en nombre de la tienda, ¿sabe que tenemos unas ofertas maravillosas en las camisetas rojas?, ¿quiere que le informe?». «No, gracias, necesito urgentemente una camiseta blanca». «Lo entiendo, venga conmigo»... Y con mucha calma, y contándote las ofertas de camisetas rojas, se dirige al mostrador de camisetas blancas. Yo personalmente, si no me he ido antes, me pondría mucho más nerviosa ante este «atento vendedor» y no me sentiría satisfecha con el servicio por mucho que al final consiguiera mi objetivo. Lo ideal, independientemente de si encuentro o no mi camiseta blanca, es que la persona que se me acerque a ayudarme haya observado mi urgencia y, sin estrés, pero con un ritmo activo y energético, me brinde su ayuda. Es cuestión de saber usar la empatía rítmica para conectar mejor con tu interlocutor y luego llevarlo hacia el ritmo que creas más conveniente.

Mirar a los ojos

Cuando miramos a los ojos de los demás para comunicarnos es evidente que transmitimos seguridad, honestidad, transparencia. Es como que no tienes miedo de que ellos te vean a ti tal y como eres. Pero aquí hay un matiz importante, cuando tú eres el que comunicas, el que hablas, es mucho más fácil, ya que cuando explicas algún relato o vivencia te gusta, o te ayuda, observar la reacción de tu interlocutor. Hablar y mirar a los ojos es más sencillo; esto es así, seas tímido o no.

Lo difícil es cuando eres tú el interlocutor que escucha. Si te fijas, cuando dos personas están conversando, la que escucha generalmente mira hacia otro lado para concentrarse en lo que le están diciendo. Lo mismo ocurre al pensar, las personas solemos mirar hacia un lado mientras estamos hablando con alguien y nos toca escuchar. Ayuda a veces a imaginarse la situación que nos están comentando. Es importante que, si eres consciente de esta acción, de vez en cuando mires al que te está hablando.

Esta situación no es la peor. La que me parece una falta real de respeto es cuando le hablas a alguien y esta persona no te mira, no por timidez o introversión, sino porque está mirando el teléfono o el ordenador. Es una situación bastante habitual en entornos laborales. Alguien te está explicando algo y tú sigues con la mirada fija en el ordenador... y dices: «Sigue, te escucho». Ya sabes que por mucho que lo digas, das a entender lo contrario y generas en tu compañero un punto de desconfianza o la sensación de desinterés. Recuerda que los detalles en la comunicación son los que aportan credibilidad. Te recomiendo que si alguien viene a hablar contigo, aunque sea por una tontería, dejes por cinco segundos lo que haces y le prestes atención, mirándole a los ojos.

Y aquí cuidado también a nivel familiar o íntimo, cada vez es más frecuente que cuando los hijos, parejas, padres, amigos nos cuentan algo, por la confianza que tenemos con ellos, miremos el móvil en vez de centrar nuestra atención en lo que nos cuentan..., y aquí debo reconocer que fallo mucho. Me dieron un toque un día que fui a comer con unas amigas, de las cuales una me conoce mucho, porque nos vemos habitualmente por trabajo. No era consciente de que mientras hablábamos todas animadamente, yo no paraba de mirar el móvil. Hasta que una me preguntó si pasaba algo y mi amiga le contestó: «¡No qué va! Andrea es así, puro vicio...». Me sentí muy mal por ellas, porque había proyectado falta de atención y de interés además de una falta de educación tremenda. También fui consciente de la pérdida de control que supone la vida *online*, que me impedía estar y mirar la vida real. Así que lo que hago, cuando no tengo ninguna urgencia que atender, es dejar el móvil en el bolso.

Recuerda que al mirar a los ojos transmitimos nuestras emociones, intereses y pensamientos. De esa manera logramos una comunicación más completa y real con los demás.

Gestualidad

Todos sabemos que los gestos nos ayudan a enfatizar el lenguaje verbal, como decir adiós con la mano o negar. Pero también expresan emociones y de manera a veces totalmente inconsciente. En las manos podemos observar si estamos relajados o no. En ellas se concentran todos los nervios. Cuando ayudo a mis clientes a preparar presentaciones en público, los nervios se observan en tres lugares distintos: en la voz (que puede temblar), en los pies (que hacen el baile del chachachá) y en las manos (que suelen tener los puños apretados). Por eso nos sentimos más aliviados cuando cogemos un bolígrafo o los papeles.

Yo realmente fui consciente de cómo las manos contienen las emociones cuando en un mal momento de mi vida tuve que ir a una terapeuta. La verdad es que me ayudó mucho, pero todos los que me lean y hayan pasado por un proceso similar saben que no siempre tienes ganas de ir a las sesiones. Enfrentarte al dolor no es una situación que te apetezca. Así que a veces yo iba, sin ganas, manteniendo una postura relajada, sonriendo, con una apariencia feliz para que la terapeuta no me diera mucha caña y me dejara tranquila. Las sesiones empezaban bien, como siempre ella me preguntaba: «¿Qué tal la semana, Andrea?». Y yo contestaba: «Perfecto, nada que decir. Todo bien». Pero procuraba sonreír y colocarme en una postura relajada. Y era extraordinario como cada vez que yo fingía que todo iba bien, ella me decía: «Me alegro mucho... ¿Qué les pasa a tus manos?». Y entonces era brutalmente consciente. De repente, como en las películas, hacía un primer plano rápido sobre mis manos. Allí estaban ellas, apretadas como si no hubiera un mañana. Un «puños fuera» en toda regla que delataban mis nervios, estrés y malestar.

Así que respecto a la gestualidad de las manos solo te diría que mantuvieras la máxima naturalidad, pero que seas consciente de ellas cuando estés nervioso o sientas malestar para poder relajarlas. Recuerda que los movimientos de la mano suelen ser sintomáticos del estado emocional de la persona.

La distancia más corta entre dos personas es la sonrisa

Otro punto interesante de la gestualidad, quizá no lo sepas, va directamente ligada a la voz. Intenta hablar de forma agresiva y hacer gestos suaves, o ningún gesto... ¿Es casi imposible, verdad? Especialmente el uso de nuestras manos y brazos nos facilita el habla. Este detalle es muy interesante si necesitas regular tu volumen o modulación de la voz.

Por ejemplo, si tienes un tipo de modulación horizontal o monocorde y quieres aportar un poco más de matices puedes activar tu gesticulación. Fuerza un poco el uso de tus manos enfatizando algunas palabras y déjalas a media altura del cuerpo (por la cintura) para poder usarlas más fácilmente. Si dejas caer los brazos a los lados del cuerpo, crearás un peso visual que te aportará una imagen de languidez además de olvidarte de usar las manos correctamente. Y eso le da un aspecto poco natural a la comunicación. En cambio, si tienes un tono muy fuerte y tu modulación es agresiva, prueba a cogerte las manos de vez en cuando. Esto te ayudará a controlar el exceso de energía que estás poniendo en tu voz.

Rostro

El rostro es el más rico de los emisores corporales. La potencialidad comunicativa de la cara se explica porque en esta zona están localizados los órganos de los principales sentidos. La nariz y la boca son los principales instrumentos para mostrar el disgusto y el asco. Ahora seguro que los estás moviendo. La frente con la formación de las arrugas y las cejas suelen reflejar el proceso del pensamiento y del análisis mental. Ya sea por susto, angustia, asombro o lentitud de comprensión.

Te explico esto para que lo tengas en cuenta cuando quieras practicar la escucha activa y no te salga de manera natural. Lo más eficaz es usar nuestro rostro y sus elementos. Estoy segura de que ya lo haces. Haz el experimento de tomar conciencia de cómo escuchas a los demás y verás que de manera natural las cejas suben, la boca se tuerce y mueves la cabeza.

Para mejorar tu expresión también debes tener en cuenta cómo mueves la cabeza, sobre todo en cuanto a la escucha. Para una escucha sin prejuicios debes situar el rostro recto. Lo digo porque veo a muchas personas que escuchan de lado. Es lo que yo llamo la mirada de paloma. Esto puedo ocurrir por varios motivos, que no oigas bien, que estás muy atento o que efectivamente estás poniendo en duda lo que te están diciendo. Sea por la razón que sea el efecto visual que le transmite a tu interlocutor es que estás dudando de sus palabras. Así que recuerda, rostro de frente a tu interlocutor para transmitir transparencia y usar las facciones para manifestar interés. También es bueno usar el rostro para mostrar una buena escucha activa. Ayuda de manera increíble a tener una mejor comunicación. En el próximo capítulo lo desarrollaré más.

Voz

La voz es un sello único y particular de cada uno. Transmite tantos elementos como una imagen. Piensa en cuántas veces has hablado con alguien por teléfono sin saber cómo era esa persona y te la has imaginado por completo: altura, color de piel, ojos, cabello, rasgos físicos, ¿verdad? ¡Y luego te sorprendes cuando la ves y no tiene las características que habías imaginado!

Pues tienes que saber que así como podemos variar y mejorar nuestra imagen, lo mismo podemos hacer con la voz. Tenemos muchos más registros de los que pensamos y, si pones atención en ello, puedes usarla como una herramienta más de comunicación. Para analizar la voz hay que tener en cuenta varios elementos que son los que puedes trabajar si necesitas mejorar la emisión de tu mensaje.

El volumen de la voz

El volumen alto de voz puede indicar seguridad y credulidad. Sin embargo, hablar demasiado alto puede sugerir agresividad o enfado. Pero hablar muy alto tampoco es lo más negativo, porque hablar muy bajo puede mostrar poco interés por comunicarse o por los demás. Recuerdo que, en una sesión con comerciales, el jefe de equipo hablaba muy bajo, lo que obligaba a los demás a pedirle que repitiera lo que había dicho o, como era el jefe, y por no insistir una y otra vez, acercarse para oírlo. Yo intenté convencerlo de que para mostrar una imagen más empática y con voluntad para interactuar con los demás debía subir su volumen de voz. Me parecía que así se pondría al nivel de sus trabajadores y que sería positivo para todo el equipo. Pues nada más decir esto, él me comunicó muy orgulloso que justamente usaba esta técnica de voz baja para que los empleados se sintieran obligados a acercarse a él y de esta manera someterlos a su liderazgo... La palabra someter y liderazgo para mí no tienen cabida en la misma frase. No conseguí que lo entendiera, porque no tenía la voluntad de aprender. Así que, si hablas muy bajo y los demás se sienten obligados a aproximarse a ti o a pedir que repitas, aunque sea por timidez, la imagen que puedes dar no es muy positiva.

Si lo intentas, verás que cambiar el volumen de voz no es tan difícil, es solo cuestión de práctica. Además, una vez que adquieras el volumen adecuado, te darás cuenta de que tu discurso puede resultar más emocionante. Los cambios en el volumen sirven en una conversación para enfatizar ciertos puntos. Estoy convencida de que cuando cuentas alguna historia emocionante lo haces de manera natural.

Para ayudarte puedes elaborar tu propio medidor de volumen. En una situación normal, sin ruidos externos, experimenta estos cinco niveles con un pequeño texto y grábate. Así tendrás una referencia de tu registro de volumen.

1	2	3	4	5
silencio	susurro	conversación	voz alta	grito

La modulación

Lo genial es que si vas al capítulo 4 («La iconología de la imagen»), entenderás que, hasta cuando hablamos, dibujamos líneas con nuestra modulación, y estas líneas transmiten sensaciones que aportan más o menos credibilidad a la imagen que quieras dar; además, también sirven para comunicar sentimientos y emociones. Ya que te has grabado para medir tu volumen, analiza también cómo es la linealidad de tu habla y verás qué efecto puedes crear. Te hago a continuación un pequeño recordatorio en otro cuadro.

LINEALIDAD		Horizontal	Sinuosa	Ondulada	Quebrada	Oblicua	Ascendente	Descendente
	Poco	calma	neutralidad	proximidad	seriedad	positividad	energía	aburrimiento
NIVEL	Medio	seguridad	cercanía	sensualidad	contundencia	dinamismo	alegría	cansancio
	Alto	monotonía	dulzura	empalago	agresividad	diversión	excitación	tristeza

Muchas veces la modulación que se da a las palabras es tan importante como el mensaje verbal que se quiere transmitir.

La velocidad

Seguimos con la grabación anterior, piensa que también puedes hacer variaciones (que seguro que ya las haces en tus conversaciones) con la velocidad, de esta forma aportas color y vida a tu discurso. Hablar lentamente puede hacer que los demás se impacienten o se aburran, pero también te puede ayudar a crear una sensación de tensión o misterio. Por el contrario, si lo haces con demasiada rapidez, puedes dar sensación de nerviosismo e incluso inseguridad, pero si es una velocidad controlada, puedes transmitir energía y vitalidad. Todo es cuestión de no irse a los extremos y de no usar un solo tipo de velocidad.

1	2	3	4	5
aburrimiento	calma	seguridad	energía	nerviosismo

El timbre

El diccionario de la RAE define «timbre» como: «Cualidad de los sonidos determinada por el efecto perceptivo que produce en los oyentes. *El timbre del violín. Su timbre de voz»*. Y eso es exactamente lo que pasa cuando oímos voces:

MUY AGUDAS	AGUDAS	INTERMEDIAS	GRAVES	MUY GRAVES
dulzura	jovialidad	nuetralidad	credibilidad	calma

Mi consejo, como con todo lo demás, es que primero identifiques dónde te sitúas y a partir de ahí trabajes las variaciones. Para ello lo ideal es leer un texto practicando cada uno de los tonos. Piensa que aquí debes probar lo agudo o grave que llegues. Recuerda que no se trata de forzar ni falsear, sino de descubrir hasta dónde puedes llegar.

Vocalización y fluidez

La vocalización es una cuestión de respeto a los demás. Si te quieres comunicar bien, debes esforzarte para que te entiendan correctamente. Además, es una manera maravillosa para ejercitar todos nuestros registros. Todos los aspectos que te he mencionado anteriormente no sirven de nada si no vocalizas bien; además, puedes sufrir más fácilmente fatiga vocal y perder la voz. Piensa que, si ejercitas la vocalización, pones en marcha los músculos del rostro que quizá no estés usando y que quizá por ello estés forzando la voz.

Musculando adecuadamente, a través de la vocalización, conocerás hasta dónde puede llegar tu voz en cuanto a volumen, modulación y timbre y así podrás hablar con más tonalidades y aportar color. Para ejercitar tu vocalización no hay mejor ejercicio que el del bolígrafo en la boca del que te hablo en el capítulo 6 («La seguridad»).

Otro aspecto importante que conseguirás vocalizando mejor es más fluidez en el habla. Piensa que las vacilaciones, repeticiones y uso de las «coletillas» pueden causar una sensación de inseguridad, nerviosismo e incluso de desconocimiento del tema del que se está hablando. Sé que estas coletillas son muy complicadas de quitar, para ello lo más eficaz es identificar cuáles dices y en qué momento para entender qué emoción te hace usarlas: ¿miedo, nerviosismo, inseguridad? A partir de ahí, trabajando sobre la emoción y no sobre la coletilla, es más probable que dejes de usarla. En mi caso uso o usaba muchísimo la coletilla «¿vale?» al final de cada explicación. Y cuando descubrí que era por mi inseguridad personal, dejé de hacerlo. La utilizaba por miedo a que los demás no me entendieran bien, pero sobre todo por la inseguridad de no haberme explicado con claridad. Y entonces pensé: «Si no lo entienden, me preguntarán». Y opté por confiar en mis explicaciones.

Para que veas cómo emplear todos los elementos de la voz en un discurso sin contenido te recomiendo que busques la charla TED: «How to sound smart in your TEDx Talk», por Will Stephen para TEDxNewYork.

Es muy sorprendente cómo te hace pasar por muchas sensaciones en una sola charla en la que no cuenta absolutamente nada.

Sonrisa

Es un componente INDISPENSABLE para comunicar. Con ella le indicas al interlocutor que te parece bien que te escuche y que además estás feliz de poder comunicarte con él. Aunque sea una conversación seria y trascendente, hay que empezar sonriendo para captar la atención completa, por lo menos en la bienvenida. En el ámbito profesional existe la creencia de que sonreír te resta seriedad, pero, al contrario, una sonrisa aporta seguridad tanto en el contenido como en la forma. Transmite que estás a gusto con la situación y con lo que dices.

Conclusión final

No solo es suficiente con tener una buena imagen externa para provocar un gran impacto, sino que también hay que saber mover el cuerpo y proyectar la voz de tal manera que logremos nuestros objetivos. Para lograr la buena expresión hay que trabajar la postura corporal, el ritmo en el que se establece la comunicación, dominar la mirada, saber cómo pueden ayudar los gestos a expresarse mejor, dominar los músculos del rostro, la sonrisa y conocer la voz. Para mejorar todos estos aspectos y aprender sobre nosotros mismos, es muy útil el grabarse en vídeo y también una grabación de voz.

12
La buena actitud

«La actitud es una pequeña cosa
que marca una gran diferencia».
WINSTON CHURCHILL

Oímos constantemente que hay que tener una buena
actitud ante la vida para conseguir nuestros objetivos,
para llevarse mejor con los demás y para comunicar
mejor. Y estos son solo tres de los muchos beneficios
que nos puede reportar esa buena actitud. Vamos, que
tenerla nos puede facilitar mucho la vida y la convivencia profesional y social. Pero sobre todo nos permite vivir la vida de manera más feliz.

Estoy absolutamente de acuerdo con todos los
beneficios que aporta una buena actitud y es cierto
que tenerla no solamente me ayuda a mantener una
relación más fluida con los demás, sino que también
me posibilita trabajar una relación mejor conmigo
misma. Y esto es como la pescadilla que se muerde
la cola..., en positivo, claro.

Lo difícil es saber cómo tener y sobre todo cómo mantener una buena actitud. Hay que ser realista, no todos los días son buenos y a veces cuesta mucho creérselo o encontrar la motivación para ello. Es cierto que hay personas que tienen un carácter más alegre o son positivos por naturaleza y parece que es más fácil para ellos. Sin embargo, aunque poseas una naturaleza feliz, no está de más estudiar cómo sostener ese nivel de felicidad y detectar también cuáles son las características que te ayudan a poder tener una buena actitud.

Existen muchos métodos distintos con muchas pautas, y seguro que, si estás leyendo este libro, habrás leído ya algunos sobre la felicidad y la positividad. Te aviso que no soy experta, pero me apetece mucho compartir contigo las pautas que me parecen esenciales para tener y mantener una buena actitud.

Pero hay que entender que mantener una buena actitud no se refiere a dar lecciones a los demás de cómo ellos pueden mejorar. Recuerda que solo debes responsabilizarte de tus actos, no de los de los demás. No puedes pretender dictar la buena conducta ajena. Eso directamente ya sería una mala actitud. Lo único que hay que tener en cuenta es cambiar la manera en la que los actos ajenos te afectan; modificando eso, es curioso, la actitud ajena parece también evolucionar.

Doy muchas ponencias y formaciones en las empresas y, cuando llegamos a esta parte, sobre la actitud y la convivencia, siempre me hacen el mismo tipo de pregunta: «¿Qué puedo hacer si mi compañero de trabajo es maleducado conmigo?», «¿Qué puedo hacer si mi jefe me grita?», «¿Qué hago si alguien de mi entorno es negativo o pasivo?»... y siempre contesto lo mismo: no podemos hacer nada con la actitud ajena, pero sí podemos mejorar la nuestra o intentar que nos afecte de una manera distinta. No es nada fácil y hay situaciones que son complicadas de gestionar emocionalmente, pero poco a poco y con constancia llegan los cambios.

Y no hacen falta grandes rituales, sino ser conscientes de las pequeñas cosas. Mejorar nuestra actitud significa buscar otra perspectiva de la vida. Pasa lo mismo con la imagen, no es cuestión de cambiar nada radicalmente, sino de centrarnos en una nueva perspectiva y construir pequeños hábitos.

Hay que pensar en la actitud como una fortaleza a través de la cual podremos sobreponernos a diferentes situaciones, ya que estas no las podemos elegir, pero sí podemos escoger la actitud con que las afrontamos.

Antes he mencionado la constancia, y creo firmemente que sin ella cualquier cambio es difícil. Necesitamos siempre un mínimo de veintiún días seguidos de aplicación de ese cambio antes de que este sea un hábito. Así que, si quiero transmitir buena actitud, hay que trabajarla a diario, de la misma manera que, si quiero tener un cuerpo fibroso, tendré que entrenar o adquirir buenos hábitos de alimentación.

Dicho esto, te dejo aquí un listado de las características principales que en mi opinión pueden ayudar a mejorar tu actitud en el día a día.

Cordialidad

Hay palabras que tienen un efecto mágico: «Hola», «Gracias», «Adiós», «Por favor», «Disculpa». ¿Qué curioso, verdad? Y qué obvio a la vez, pero su uso, si te fijas, cada vez es menor. Por falta de interés, educación, tiempo... Excusas que no son válidas. Seguramente, querido lector, tú las usas todas, pero no está de más verificar que realmente lo hacemos y además de manera correcta.

La cordialidad es el valor que nos permite entablar y mantener buenas relaciones con los demás. No hay nada que denote tanto una buena actitud como la cordialidad. Y sé que parece evidente, pero si te paras y piensas realmente cuándo la aplicas, te darás cuenta de que no tanto como te crees y que podrías ser más cordial.

Voy a exponer varias situaciones en las que a veces nos olvidamos (sin querer) de la cordialidad:

—Si cada día coges el autobús y saludas al conductor, y este nunca te contesta, puedes sentir la tentación de dejar de hacerlo. Ahí está el error. No saludamos para que nos contesten, sino porque nos hace sentir bien.

—En el bar cuántas veces oímos: «Ponme un cortado». Con lo sencillo que es: «Hola, me pone un cortado, por favor». Yo creo que las prisas no son excusa. Fíjate, tanto es así que ya he visto en varios bares este tipo de carteles:

> «Un café: 2 euros.
>
> Buenos días, un café: 1,50 euros.
>
> Buenos días, un café, por favor: 1 euro»

—Cuando abandonamos o salimos de cualquier establecimiento o cualquier estancia (oficina, bar, tienda, avión), me despido. No hace falta si estoy en un avión despedirme de todos, pero sí de mi compañero de viaje y los auxiliares de vuelo. En un bar o tienda, del dependiente o del camarero. En la oficina, de mis compañeros. Saliendo de algún lugar con recepción o seguridad, me despido. Y ya paro porque podría escribir un capítulo solo con un listado de los lugares donde podemos practicar la cordialidad. El otro día en una charla una chica me comentó que si ya se había despedido de sus compañeros de oficina y tenía que volver a entrar porque se había olvidado algo, si tenía que despedirse otra vez cuando saliera de nuevo. Mi cara fue un cuadro 😲.

—En situaciones de conflictos leves, como una discusión o un enfado, saber disculparse, aunque creamos firmemente que no es culpa nuestra, puede ayudar a suavizar el conflicto. Esta parte es la más difícil porque nuestro orgullo o ego están totalmente involucrados. Pero ¿sabes qué te digo?, que si ha existido el conflicto es que seguramente, y sin querer, algo de tu comunicación puede también haber influido en el enfado del otro. No es a veces tanto el contenido como las formas. Así que no cuesta nada, una vez pasado el fuego de la acción, decir: «Oye, lamento si de alguna manera te he podido ofender porque realmente no era mi intención». En un 90 por ciento de los casos la otra parte se suele relajar y disculparse. Y si no es así, pues también te quedas más tranquilo, ¿verdad? Por lo menos lo has intentado.

—En el ámbito laboral es muy importante mantener la cordialidad entre los compañeros de trabajo. Un trato respetuoso va a permitir que las relaciones laborales fluyan de una manera más agradable. Lo que pasa es que, en el día a día, la fuerza de la costumbre nos hace perder su uso, pero si nos aplicamos cada jornada, en los momentos de hostilidad será más fácil acercarnos mejor a nuestro interlocutor y que este esté más disponible.

—En la oficina el trato diario hace que como tenemos tanto trabajo, no pidamos las cosas a nuestros compañeros por favor, ni les demos las gracias. No podemos partir de la premisa de que, como es su trabajo, para qué vamos a molestarnos en decir «Por favor» o «Gracias». Pero la diferencia está en que, si usamos estas palabras, la relación con los demás no se desgasta. Porque no te olvides de que lo que construye las relaciones, y sobre todo las buenas relaciones, son los pequeños detalles. Igual que en el caso de la felicidad, recuerda que no se trata de las grandes cosas que nos pasan sino de las pequeñas que vivimos a diario.

—¿No te has fijado que esta misma cordialidad ha desaparecido de los mails?..., que a veces ni te contestan. Eso es un horror absoluto ☹. Qué sensación de desamparo. ¿Lo habrá recibido? ¿No le interesa? ¿Le he ofendido?

No cuesta nada un sencillo:

....

Estimado...:
He recibido tu mail, en cuanto pueda te contesto.
Un saludo
Andrea

....

El simple hecho de contestar un correo electrónico o un mensaje, aunque tan solo sea para avisar de que lo has recibido, o avisar que se han equivocado de interlocutor, ya denota una buena actitud.

—Además de las palabras mágicas hay algunas acciones adicionales que me parecen básicas para mantener nuestro nivel de cordialidad alto: ayudar a cruzar la calle a quien lo necesite, aguantar la puerta, dejar salir antes de entrar, respetar la proxémica, no colarse, y tantos otros pequeños detalles que a diario se nos pueden olvidar. Hay como una creencia de que si ayudas eres tonto, pero yo creo firmemente que la buena educación es una vía que facilita la comunicación y nunca debería pasar de moda.

—Sé puntual. Y si realmente llegas tarde porque te han abducido los extraterrestres, avisa. Llegar tarde es decirle a la persona que nos espera que no es lo suficientemente importante como para organizarte mejor.

Estoy convencida de que se te pueden ocurrir más ejemplos, porque cada día nos enfrentamos a distintas situaciones. Además de aplicar estas características, me gustaría recordarte que también es importante saber cómo se hace.

Trucos para ser cordial

—*No es suficiente solo con usar las palabras, hay que usarlas bien.* Es importante ser amable, sincero y afectuoso en el trato con los demás. Yo hablo mucho de la vocación de servicio innata. Sé que a las personas que trabajan de cara al público se les suele pedir que la tengan o la trabajen, pero también hay que tratar que la buena actitud salga del ámbito profesional, es decir, que vaya más allá del recinto laboral. Ser cordial implica no solo el uso de las palabras mágicas («Hola», «Gracias», «Adiós», «Por favor»... y «Disculpa»), sino también el cómo las digo. Hay que valorar también el tono y el uso de estas palabras. Recuerda esta fórmula: Cordialidad + Sonrisa + Intención = Buena actitud.

La actitud positiva es tu responsabilidad

—*No debemos elegir con quién ser cordial.* Lo cortés no quita lo valiente. La cordialidad es una característica que se debe aplicar a todos sin importar quién ni cómo nos han tratado (a no ser que nos vayamos a situaciones extremas en el que se hayan vulnerado nuestros derechos), ya que dice mucho más de nosotros de lo que realmente pensamos. No saludar a un compañero de trabajo porque te cae mal o porque no os lleváis bien (sea de quien sea la culpa) te pone a su nivel.

—*No podemos adoctrinar.* Me parece interesante resaltar que la cordialidad usada como elemento de la buena actitud se hace sin esperar recibir ninguna respuesta a cambio. Insisto en esta cuestión porque hay personas que piensan que son muy educadas y cuando alguien a su alrededor no lo es, les hacen ver que no lo son. Por ejemplo, imagina que te estás tomando un café y pasa un compañero de trabajo, le saludas y él no te contesta (por las razones que sea). Aquí debería acabar todo. Este tipo de persona de la que hablo insistiría: «Buenos días, ¿eh?».

Tampoco es correcto adoctrinar a aquellas personas con las que nos vemos cada día y nunca nos devuelven el saludo. Como ese tipo de persona que saluda insistiendo mucho, con un tono fuerte y mirada desafiante, que dice «Buenos días», pero, en realidad, lo que quiere expresar es lo siguiente: «Buenos días, tú, imbécil, que no me saludas nunca, a ver si aprendemos a ser educados y contestas alguna vez, que tampoco cuesta nada, digo yo». ¿Lo ves...?, intento de adoctrinamiento no es cordialidad.

Discreción / prudencia

Según el diccionario de la RAE, una de la acepciones de discreción es «sensatez para formar juicio y tacto para hablar u obrar». Vivimos en la era del cotilleo máximo. Además, en la prensa, la televisión y la radio..., es tan frecuente que hasta nos parece casi normal. Preguntas indiscretas, opiniones sin que nos las pidan, juicios de valor sobre temas en los que ni siquiera somos expertos. La verdad es que este afán de saber y opinar sobre temas que no nos incumben, o directamente de los que no sabemos nada, es una falta de discreción que con el fenómeno de las redes sociales se ha visto desbordaba a niveles que realmente traspasan la frontera de lo comprensible. Parece que las redes, dentro del supuesto «anonimato», nos dan el derecho a vomitar cualquier cosa de cualquier manera.

En el caso de las redes sociales, yo siempre pienso antes de publicar: «Esto que voy a escribir o esta foto que voy a subir ¿lo diría o haría en la vida real?», «¿Podría ver a esa persona y decírselo a la cara?». Porque el gran drama de la indiscreción o de la falta de prudencia es que no hay vuelta atrás. Y ya puedes pedir perdón, que el daño ya está hecho. Y esa confianza o reputación que tanto te ha costado ganar se esfuma en nada. No puedes pretender comentar o juzgar y quedar completamente impune, ¿verdad? O, peor, pensar que la otra persona se va a quedar indiferente.

Ser discreto o prudente significa valorar de antemano las consecuencias de nuestros actos y palabras para preservar al otro. Todo se puede decir, pero midiendo el cómo y sobre todo el para qué.

En los dos casos, antes de contar o preguntar alguna cosa a alguien, contesta a estas tres preguntas:

—¿Estoy compartiendo una información real, verdadera y fiable?

—¿Contarlo o preguntarlo es realmente una cuestión vital, realmente es necesario?

—¿Contarlo o preguntarlo me permitirá ser mejor persona, es algo amable?

Si la respuesta no es positiva en las tres, mejor no decir o compartir nada.

Tolerancia

«No comparto lo que dices, pero defenderé hasta la muerte tu derecho a decirlo».
VOLTAIRE

La tolerancia es principalmente la actitud de la persona que respeta las opiniones, ideas o actitudes de los demás, aunque no coincidan con las propias. Pero además es la habilidad de lidiar con lo que le es desagradable, aquello que no le representa, aquello que aborrece o incluso que no entiende.

No digo que los demás sean desagradables, pero ya sabemos que todo lo que nos es ajeno puede provocarnos esa sensación. A veces solo de pensar que tenemos que ir a casa de otras personas que viven de una manera distinta, que poseen otro concepto de orden o higiene, ya nos incomoda. Por eso debemos empezar a pequeña escala a practicar la tolerancia.

Piensa que la tolerancia es un ejercicio de mejora relacional contigo mismo. Y por ahí debes comenzar. Si engrandeces las fronteras de lo que para ti es aceptable no solamente vivirás más relajado, sino que además puede que descubras nuevas maneras de vivir y hacer la cosas que nunca te habías planteado. Cuando consientes el reto de aceptar tu intolerancia, empieza el trabajo.

Lo más importante es respirar y relajarte, ya que ser tolerante tiene mucho de paciencia y de buscar una perspectiva distinta. Dicho esto, te dejo una *check list* para poder aumentar tus niveles de tolerancia.

Algunas pautas para practicar la tolerancia

—*No culpes a los otros de todo.* Es mucho más fácil echarle la culpa a los demás que reconocer algún error, pero la próxima vez que sientas la tentación de hacerlo piensa en este dibujo:

 Mientras un dedo culpa a los demás, tres de ellos te señalan a ti.

—*Evita la confrontación.* Frente a situaciones o personas que quieren incomodarte o molestarte, no entres en la discusión. Es mejor respirar, analizar la situación y buscar otro momento para contestar.

Parece contradictorio, pero mostrar una actitud pacífica es mucho más beneficioso, sin dejar evidentemente que nuestros derechos sean vulnerados. No discutir no significa aceptar la situación, sino tomar la decisión de gestionar el asunto de manera distinta.

—*Verifica tu ego.* Puede pasar que cuando los demás nos molestan o incomodan por sus maneras o actitudes o simplemente por estar (que a veces pasa), el motivo principal sea porque al no ser los protagonistas nuestro ego se frustra y nos parecen menos aceptables esas situaciones. Poder identificar si realmente el que se molesta es tu ego alivia mucho, ya que tú no eres tu ego. Darles espacio a todos para poder expresarse es una buena manera de ser tolerante, aunque no compartamos sus opiniones.

Asertividad

Ser asertivo es tener la capacidad para expresar o transmitir lo que se quiere, lo que se piensa o lo que se siente sin incomodar o herir los sentimientos de la otra persona.

Si pensamos en tener una buena actitud, practicar el estilo de comunicación asertivo nos va a ayudar mucho porque parte del respeto hacia los demás y hacia uno mismo, permite plantear con seguridad y confianza lo que se quiere, y reconocer que la postura de los demás no tiene por qué coincidir con la propia.

Para detectar si eres asertivo, voy a desglosar a continuación los tres estilos de comunicación que existen para que puedas observar cuál es el que usas más frecuentemente. Tranquilo, porque es natural usar los tres dependiendo de las situaciones. Yo misma me encuentro a veces usando el patrón agresivo con mis hijos (hay veces que una no se puede controlar) o el pasivo con mis padres. Pero la idea no es culpabilizarte, sino observar, identificar, aceptar o modificar.

Recuerda que usar a veces un patrón pasivo o agresivo no te convierte en una persona pasiva o agresiva. Seguramente lo empleas en determinadas situaciones. Por eso el ejercicio es observar cuándo lo haces, qué tipo de lenguaje no verbal llevas a cabo, o qué expresiones dices e identificar qué te hace usar un patrón u otro. Entonces podrás modificarlo para mejorar tu comunicación con los demás y contigo mismo.

ESTILO	AGRESIVO	PASIVO	ASERTIVO
Definición	Este estilo de comunicación se sitúa en un plano opuesto a la pasividad, y se caracteriza por la sobrevaloración de las opiniones y sentimientos personales, obviando o incluso despreciando los de los demás.	Es aquel estilo de comunicación propio de personas que evitan mostrar sus sentimientos o pensamientos por temor a ser rechazados o incomprendidos o a ofender a otras personas. Infravaloran sus propias opiniones y necesidades dando un valor superior a las de los demás.	Es aquel estilo de comunicación abierto a las opiniones ajenas, dándoles la misma importancia que a las propias.
Lenguaje no verbal	Mirada fija. Volumen de voz elevado. Patrón de habla fluido/rápido. Gestos de amenaza. Postura intimidatoria. Respuestas rápidas.	Evitar la mirada. Bajo volumen de voz. Patrón de habla vacilante. Postura corporal tensa y/o hundida. Movimientos corporales nerviosos o inapropiados. Respuestas vacilantes.	Contacto visual directo. Nivel de voz conversacional. Habla fluida. Gestos firmes. Postura erecta. Respuestas directas.
Mensaje	Esto es lo que yo pienso. Tú eres estúpido por pensar de forma diferente. Esto es lo que yo quiero, lo que tú quieres no es importante. Esto es lo que yo siento, tus sentimientos no cuentan.	Mis sentimientos no importan, mis pensamientos no son importantes, mis necesidades tampoco. Yo no soy nadie, tú eres superior.	Esto es lo que yo pienso, esto es lo que yo siento, así es como veo la situación.
Expresiones	Harías mejor en / Haz / Ten cuidado / Si no lo haces / Deberías.	No importa / No te preocupes / Bueno / Quizá / Supongo.	Pienso / Siento / Quiero / Hagamos / ¿Cómo podemos resolver esto?

Escucha activa

Una de las habilidades sociales que parecen más sencillas y que menos sabemos usar es la escucha activa. Porque oír lo que dicen los demás no significa que realmente los estemos escuchando.

La escucha activa no consiste solo en escuchar aquello que nos están contando, sino que es una forma de comunicación que demuestra al hablante que el oyente le ha entendido y que además le interesa lo que explica, aunque puede ser que no estemos de acuerdo. Y a raíz de este esfuerzo conseguimos un nivel de relación más abierta, cercana y aumentamos el nivel de confianza.

¿Qué nos impide la escucha activa? ¿Por qué no la practicamos más a menudo?

—Porque requiere un esfuerzo de expresión y atención que muchas veces no estamos dispuestos a hacer. Un esfuerzo para el otro sin garantías de que nos aporte nada...

—Porque nos gusta más hablar que escuchar.

—Porque pensamos que para parecer interesantes o caerle bien a alguien es mejor hablar.

¿Estás dispuesto a trabajar tu escucha activa? Verás que no es tan difícil y sus beneficios te sorprenderán.

Secretos para escuchar activamente

—*Controla el entorno.* Busca un lugar tranquilo para mantener la conversación. Es importante que no os vengan a interrumpir y que sea un lugar con poco ruido para poder hablar en un tono normal. Cuidado con dejar el móvil al lado, ya que también puede ser una distracción y parecer una falta de interés. Evita jugar con un bolígrafo o cualquier elemento que pueda distraer la atención de la conversación, o que parezca que lo hace.

—*Controla tu cuerpo.* Mira a los ojos, pero no te olvides de pestañear, y no dejes que la mirada sea demasiado fija, podrías dar la sensación de estar juzgando.

Mantén la postura de tu cuerpo erguido, pero sin rigidez. Para aportar más cercanía puedes colocar el cuerpo ligeramente hacia delante.

Cuidado con las posturas muy relajadas, o el aguantarse la cabeza con las manos, pues el interlocutor puede pensar que nos está aburriendo.

No te olvides de asentir con la cabeza y mostrar emoción con la expresión facial. Es una buena manera de seguir el hilo de la conversación sin interrumpir.

—*Controla tu mensaje.* Antes de poder dar tu opinión (si te la piden), asegúrate de haber entendido bien la situación. Formula las preguntas necesarias para entender el mensaje y repite los puntos más importantes para hacer un resumen.

Una vez entendido, no minimices la situación y no caigas en el «Tranquila, esto no es nada, no te preocupes, qué tontería...». Lo que para ti es algo sencillo, quizá es complicado para la otra persona. Diciendo esto solo la harás sentir peor, aunque tu intención sea buena.

La buena educación nunca pasa de moda

Trata de refrenar la tentación de dar consejos o de juzgar la situación, céntrate más en entender los sentimientos de la persona. Cambia el «Si yo fuese tú, haría tal o tal cosa» por el «¿Cómo te sientes? ¿Qué te gustaría hacer?». Fíjate más en los sentimientos que en los hechos.

—*No interrumpas.* No existe ninguna justificación o excusa para interrumpir a alguien. Incluso si se calla, respeta sus silencios. No aproveches la mínima para intervenir. Acompañar en el silencio a veces es mejor que cualquier palabra. Recuerda que estás practicando la escucha activa y que no eres el protagonista. Cuando interrumpimos a los demás lo hacemos en general por ego; como ya he dicho al principio del capítulo, nos gusta mucho más hablar que escuchar.

¿Sabes?, la buena actitud al final es sencilla. Consiste en sentirse a gusto contigo mismo y dejar su espacio a la otra persona sin tener miedo a que te quite protagonismo, porque no lo necesitas.

Conclusión final

Tener una buena actitud facilita mucho la vida y la convivencia profesional y social. Así que las características principales que debemos cultivar para ejercerla día a día son la cordialidad, la discreción, la prudencia, la tolerancia, la asertividad y practicar la escucha activa con el otro. Solo así nos podemos sentir bien con nosotros mismos, podemos enfrentarnos al conflicto y a la vez respetar y dejar espacio para que el otro se exprese con libertad.

13
La positividad

La positividad es un estado mental que nos permite observar la vida a través de un filtro distinto, pero no niega la realidad. Estoy cansada de la imagen de las personas positivas como si fuéramos unos ilusos negando las circunstancias que no nos gustan. Eso para mí no es ser positivo, sino un flipado de la vida.

La positividad no es ponerle un filtro de color de rosa a todo. Para ser realmente positivo hay que ser realista y aceptar que existen situaciones que no son ni buenas ni agradables. No se trata de esconder la realidad bajo prismas de arcoíris y purpurina, sino saber añadirle a una situación negativa su pizca de purpurina (¡la purpurina que no falte!). Porque el optimismo es un motor para salir de las situaciones que nos parecen difíciles o dolorosas, es la esperanza de que otra realidad es posible si la buscamos y trabajamos en ello.

La positividad consiste en adoptar una perspectiva diferente ante una situación de la que probablemente no podemos directamente cambiar nada. La persona positiva acepta las circunstancias, las analiza y les da la vuelta. El pesimista no encuentra la salida y solo acepta la situación. Emilio Duro, empresario, profesor y conferenciante, dice en sus charlas: «El optimista es el que busca soluciones; el pesimista, el que busca culpables».

Y este estado mental, como todo en este libro, se practica. Es complicado conseguir levantarte cada día exultante y positivo. Pero es importante tener claro cuáles son las claves que nos permiten encontrar o trabajar la positividad.

Claves para trabajar el optimismo

En mis charlas siempre pregunto: «¿Qué es lo que os mantiene u os hace subir el nivel de positividad?». Es curioso porque al principio nadie contesta, como si tuviera que ser algo grande. Al final, sin embargo, son los pequeños detalles diarios los que nos permiten mantener ese nivel a lo largo del día. Pero, repito, hay que ser conscientes de ello y darles el espacio necesario.

Lo que me suele contestar la mayoría es que escuchar música es lo que los mantiene positivos. La música es mágica para subir el ánimo. Es curioso cómo los primeros acordes de una canción ya te pueden hacer sonreír. En un rato malo del día ponerse una melodía o acordarse de notas musicales o de la letra de una canción ayuda a que vuelva la sonrisa a nuestro rostro. Es tan fácil como pensar en ello. Es solo decidir la canción y tenerla siempre presente. Yo también aconsejo ir al lavabo en algún momento con los cascos puestos a tope de volumen y bailar. Sales como nuevo, ¡te lo aseguro!

Otra cosa que me gusta hacer es crear mis «cuñas publicitarias musicales». Para diseñar diferentes momentos durante el día, absolutamente necesarios para mantener una perspectiva positiva.

Si pasas un mal día y no puedes permitirte una pausa mental para crear una nueva perspectiva, según avance la jornada lo llevarás peor, y el resultado será un día largo y malo. Lo que te propongo, si puedes, es ponerte música entre un evento y otro, por ejemplo, del camino de casa al trabajo. Durante ese trayecto ponte una canción que te cambie el ánimo, así llegarás con una energía distinta y sin el posible estrés de casa (si es que lo tienes). Lo mismo de vuelta a casa, así con la música dejarás atrás los problemas del trabajo y llegarás a casa renovado. Es importante que cuando lo hagas seas consciente de que estás haciendo una limpieza energética. No solo escuches la música, báilala, cántala y si quieres llórala. Pues sí, a veces, después de un día intenso con mucho estrés acumulado, nada mejor que esa canción que te pone triste y te hace llorar. Y si lloras, llora a lo grande, suéltalo (como diría Elsa, de *Frozen)* o grita.

Te aseguro que llegas a casa renovado. Es un *peeling* emocional 😔.

Otros clientes me dicen, sin embargo, que lo que les mantiene positivos es ir de compras. Es curioso, pero muchas personas me lo comentan. Yo siempre digo que es arriesgado y que hay que estar seguro de que todo lo que se compre se puede devolver. Porque en estos momentos de adrenalina no somos conscientes de lo que necesitamos y sobre todo compramos compulsivamente..., y luego esas prendas se quedan en el armario.

Otra respuesta que he recibido a la pregunta de qué nos mantiene positivos ha sido mirar fotografías de la familia o de las mascotas. Sí, mirar esas imágenes provoca una sonrisa y permite una pequeña pausa mental.

Bueno, seguro que se te han ocurrido muchas otras respuestas. Pero en el siguiente apartado te dejo algunas ideas que me parecen fundamentales para practicar la positividad a diario.

Cómo ser positivo y no morir en el intento

—*Cuidar la imagen.* ¿Sabes uno de esos días en los que te levantas cansado, de mal humor, has dormido poco y sientes que te espera una jornada difícil...? Además, para colmo, llueve y, por si fuera poco, te enfadas con las personas más cercanas (hijos, pareja, padres) porque han decidido ponértelo más complicado. Y como no tienes suficiente, ¿qué es lo que haces? Ponerte lo primero que encuentras, lo más cómodo y menos visible. Y a la calle... Y cuando vas caminando, levantas la vista y te ves reflejado en un escaparate y, de repente..., te ves... Entonces entiendes que te mereces todo lo peor. Y con esas pintas, llegas al trabajo peor aún de lo que ya estabas. Y encima, los compañeros van y te dicen: «¡Uy, qué mala cara! ¿Qué te pasa hoy?». Vamos, justo lo que necesitas para sentirte mejor (lee esta frase con ironía...).

La positividad es como el deporte, se practica

Pero ¿y si en una situación como la que te he descrito, te pones a trabajar tu imagen? No tienes ganas, lo sé. Pero si, ese día tan fatídico, te esfuerzas en escoger prendas que te favorecen, con colores o complementos diferentes. Aquella americana que te queda tan bien, esa camisa que cuando te la pones todos te dicen lo bien que estás. Haces un pequeño esfuerzo con tu pelo y con tu rostro. Y si a todo esto le añades una postura erguida... Te aseguro que cuando te veas reflejado en los escaparates, tu sensación será positiva. Y, además, cuando llegues al trabajo te encontrarás con comentarios positivos, que siempre son de agradecer.

—*Sonreír.* Conozco a muchas personas que no sonríen a menos que tengan una razón para ello. No entienden la sonrisa sin motivo e incluso les parece una falsedad forzarla. Pero ¿hay que tener una buena razón para sonreír? Os voy a parecer exagerada, pero el hecho de vivir ¿no es ya una buena razón para hacerlo? Si esperas una buena ocasión para que surja una sonrisa, pues quizá no llegue nunca, pero si te aplicas en sonreír como si fuera un hábito saludable, quizá te llegue pronto una buena ocasión.

Para mí la sonrisa es básica para iniciar una comunicación, ya sea conmigo misma o con los demás. Mirarse al espejo y sonreírte parece una tontería, pero hace que te veas mejor.

Para iniciar una conversación con alguien, sea del tema que sea, una sonrisa es como el punto de conexión. ¿Cuál es el camino más rápido entre dos puntos?: una línea recta. ¿Cuál es el camino más rápido entre dos personas?: una sonrisa. Piensa que sonreír no te hace menos profesional, solo más humano.

Buscando un poco, podemos encontrarnos muchos artículos sobre sus beneficios. Parece ser que cuando sonríes, tu cerebro libera endorfinas que estimulan los centros cerebrales del placer, aunque sea una sonrisa fingida (el cerebro no lo distingue), y a medida que se incrementan las endorfinas, se reduce el cortisol, la hormona del estrés. Así que estos son los beneficios más directos de la sonrisa: reduce el nivel de estrés, fortalece el sistema inmunitario, ayuda en la recuperación de muchas enfermedades (tanto enfermedades físicas como enfermedades mentales), aumenta la sensación de placer y bienestar, mejora el estado de ánimo y aumenta el nivel de felicidad.

Pero lo que me parece más bonito de cuando uno sonríe es que se activan las neuronas espejo de los demás, y las personas te devuelven la sonrisa. Las neuronas espejo son aquellas que nos permiten imitar, como «reflejando» la acción de otro. Las descubrió el neurobiólogo Giacomo Rizzolatti y están relacionadas con los comportamientos empáticos, sociales e imitativos. Son las neuronas que nos permiten la imitación, fundamentales en los procesos de aprendizaje, y desempeñan una función importante dentro de las capacidades cognitivas ligadas a la vida social, tales como la empatía. Algo ya te adelanté sobre ellas en el capítulo 3 («Aprende a mirarte»).

La idea no es la de ir sonriendo por la calle como un psicópata en un anuncio de dentífrico, pero sí mantener el rictus elevado. Este gesto es suficiente para que los que te vean te sonrían también. ¿Te atreves?

Otro momento clave para practicar la sonrisa es por la mañana, al despertarse. Te confieso que, cuando suena el despertador, casi todos mis primeros pensamientos son bastante negativos, pero enseguida me estiro, respiro y sonrío. Me quedo sonriendo unos minutos hasta que se me pasa la negatividad creada por el despertador. Entonces me levanto y me siento lista para vivir un nuevo día.

—*Aceptar cumplidos y darlos.* No sabemos aceptar los cumplidos. Y sobre todo los asumimos peor cuanta más confianza tenemos con las personas que nos los hacen. Todos sabemos que cuando nos dicen un cumplido lo que hay que contestar es gracias, pero ¿realmente lo hacemos?

Normalmente cuando nos los hacen, estas son las respuestas: «Qué camisa tan bonita», «¿Sí? Pues me ha costado 4 euros». «Qué guapa estás hoy», «Pues no he dormido nada...», «Tú dices eso porque me quieres», «Tú, que me miras con buenos ojos». «Felicidades por tu ascenso», «Bueno, es que me lo he currado (solo faltaría, ¿verdad?...)».

Es curiosa esta necesidad de justificarnos, como si no nos los mereciéramos. Como si aceptar un cumplido nos hiciera menos humildes. Te puedo asegurar que aceptarlos es un camino para mejorar nuestra autoestima y sobre todo para sentirnos más positivos.

Haz el ejercicio de aceptarlos sin más, sin pensar por qué te los hacen o quién te los hace. Di un simple gracias. Si lo intentas, aunque te sientas raro, pasará lo siguiente: cada vez cosecharás más cumplidos. Piensa que si, cada vez que te dicen algo bonito, lo rechazas (aunque sea por humildad), las personas se cansan y dejan de hacerlo.

Esto pasa mucho en las parejas. Dejamos de decirnos cumplidos porque como la respuesta es: «Tú dices eso porque me quieres o me miras con buenos ojos...», pues percibimos que nuestro criterio no vale. Aunque te quieran mucho, el otro tiene derecho a verte y decirte que estás atractivo, y tu deber es aceptarlo.

Y ya no te digo si te los dicen tus hijos. En este caso además el no aceptar puede acabar influyendo en su propia autoestima. Ellos tienen que percibir que su criterio estético es válido y que es importante sentirse atractivo, además de entender que es muy importante hacer feliz al otro. Querer que tus hijos tengan valores estéticos no va en detrimento de sus valores intelectuales. Ya no vale aquello de si eres guapo, eres tonto.

Y otra cosa que puede hacernos sentir más positivos es el hecho de decir cumplidos al otro. Lo hacemos poco la verdad. Cuando estuve en Estados Unidos, una cosa que me fascinó de los americanos es la conciencia que tienen de lo que pasa a su alrededor y el poco pudor que tienen en decirlo (para lo bueno y para lo malo). Pero, si me quedo con la parte positiva de este rasgo, me parece maravilloso que una desconocida te pare por la calle para decirte que le encantan tus zapatos. Te parecerá superficial, pero a mí me encantó. Personalmente me gusta hacer cumplidos, y no solo por lo físico, sino por todo. Si voy a una conferencia y me resulta interesante, lo digo. Si me sirven bien en un sitio, lo digo también.

La actitud positiva es tu responsabilidad

A nivel laboral integrar los cumplidos como una manera de comunicar está bien, ya que nos pasamos mucho más tiempo reprochando aquello que está mal hecho que felicitando por el trabajo bien hecho. Piensa cuándo has dicho un cumplido a tus compañeros de trabajo por algo que no fuera su aspecto físico.

Si piensas en regalar algún cumplido a las personas que te rodean, estarás más pendiente de lo que hacen bien, y solo este punto de atención hacia las cosas positivas mejorará tu nivel de positividad diaria.

Un cumplido es un regalo que nos hacen, y no podemos pensar de quién viene, por qué lo hace y para qué... Un regalo se acepta y se agradece.

—*No contar miserias*. Después del cotilleo, el segundo deporte nacional es contar miserias... Nos encanta y nos parece liberador contar una y otra vez aquello que nos ha pasado, y si es malo aún mejor porque es una manera de desquitarse. O por lo menos lo parece, porque en realidad cuanto más lo contamos, más crece nuestro ego, y con ello la miseria no nos abandona nunca.

Quiero aclarar que cuando hablo de miseria, no me refiero a un gran drama, sino a una situación negativa puntual que te ha podido pasar durante el día. Malas palabras con un compañero, una bronca de tu jefe o con tu pareja, un cliente impertinente... Nada realmente grave. De todas formas, aquello que es realmente grave no lo vamos contando a los cuatro vientos.

Así que te pongo en contexto. Tienes un día normal, pero te pasa una situación desagradable como las que te he mencionado antes. ¿Qué es lo primero que haces una vez pasado el trance? Buscar a alguien de tu alrededor que esté disponible para poder contarle lo que te ha pasado. Y, claro, para cotillear siempre hay alguien 😉.

Esa sensación de desahogo que tienes al contar lo sucedido es falsa. Es solo tu ego, que se hace grande porque evidentemente la persona elegida reafirma tu verdad. Así que en cuanto puedes te diriges al baño, móvil en mano, para poder escribir la situación (otra vez) a ese grupo de WhatsApp que va a muerte contigo. Aquí la sensación de razón y poder es inmensa y sales del baño como el rey del mundo. Pero el ego no tiene saciedad, y, cuando vas hacia tu casa, llamas a alguien más por teléfono, y en casa lo vuelves a comentar y, cuando por fin te vas a dormir, esa situación que era puntual ha dominado todo tu día y energía. Pero lo peor es que tú crees que te sientes descansado y liberado por haberlo contado una y otra vez..., y además te han reafirmado tanto que tú tenías razón, que TU verdad es la correcta, que hasta eres feliz y crees que la miseria va a desaparecer. Pero no..., al día siguiente, te despiertas y el grupo de WhatsApp está *on fire,* todos a los que les has contado te preguntan y, claro, cuando llegas al trabajo tienes a ese compañero ansioso por la segunda parte de la miseria...

La verdad es que la única manera que tienes realmente de hacer desaparecer un mal momento es asumir que ha existido, cambiar tu actitud, relativizar y buscar el lado positivo. Si no puedes, y necesitas contarlo, te recomiendo que acudas a esa persona que sabes que te va a dar otra perspectiva de la situación. Esa persona (y todos conocemos a una) que te dirá las dolorosas palabras: «Entiendo, pero, claro, tú tampoco has...». Y así es como el ego muere y la normalidad vuelve.

Plantéate por qué nos cuesta tan poco contar lo malo y por qué cuando nos pasan cosas buenas no les damos la misma importancia. Como si hubiéramos normalizado lo bueno y divinizado lo malo. ¿Será porque realmente nos pasan más cosas buenas que malas y que al ser buenas ya no les damos la importancia que se merecen?

—*Ser agradecido.* Uno de los puntos claves para trabajar la positividad es ser capaz de detectar las cosas buenas que nos ocurren cada día. Retomando el punto anterior sobre darle importancia a las cosas buenas que nos suceden y que pasan completamente desapercibidas. Estamos acostumbrados a estar agradecidos solo por los hechos extraordinarios, y, claro, estos hechos no son lo habitual.

Debes proponerte estar alerta a todo aquello que te va pasando, aunque de entrada no te parezca significativo. Una vez que eres capaz de identificar lo que ha ocurrido, luego se trata de estar agradecido por ello.

La idea sería practicar, conseguir el hábito diario de agradecer lo que te pasa, de sentirse bien sin que haya ocurrido nada especial. Solo valorando las pequeñas cosas buenas que tenemos la suerte y el placer de vivir.

Con este ejercicio de conciencia podemos conseguir sentirnos más felices sean cuales sean las circunstancias de la vida. Pero, ya ves, es cuestión de práctica diaria, esto no se cambia de un día para otro. Cada jornada se puede convertir en una caja de oportunidades.

Los psicólogos Robert Emmons y Michael Mc-Cullough* estudiaron los beneficios de la gratitud y concluyeron que tiene efectos tanto en el bienestar físico como en el emocional. Descubrieron que las personas que hacían de esta actitud un hábito de vida se sentían más saludables, más optimistas y más felices. Cuando decides ser agradecido, tu mente se centra en lo que tienes y no en lo que te falta.

¿Qué te parece si practicas un poco? Te propongo que cada noche, antes de ir a dormir, repases el día y des las gracias por las pequeñas cosas que te hayan hecho feliz, cosas sencillas, y casi insignificantes, como:

— Hace sol.
— He dormido bien.
— No he encontrado tantos atascos.
— El cabello me ha quedado bien.
— No hace tanto frío/calor.
— He aparcado pronto.
— No hay cola en el bar.
— La gente me devuelve la sonrisa.

---

* «Counting Blessings versus Burdens: An Experimental Investigation of Gratitude and Subjective Well-Being in Daily Life». *Journal of Personality and Social Psychology*. The American Psychological Association, Inc. 2003, vol. 84, n.º 2, 377-389. Robert A. Emmons, Universidad de California, y Davis Michael E. McCullough, Universidad de Miami.

— Me han hecho un cumplido.

— Aún me queda batería en el móvil.

— No he llegado tarde... Y un largo etcétera.

EJERCICIO PARA APRENDER A SER AGRADECIDO

El test de los agradecidos es un cuestionario diseñado por McCullough y Emmons. Para saber cuál es tu nivel de gratitud, en comparación con los demás, indica tu grado de acuerdo con las seis afirmaciones que escribo a continuación, teniendo en cuenta la siguiente escala: 1. Estoy muy en desacuerdo. 2. Estoy en desacuerdo. 3. Estoy ligeramente en desacuerdo. 4. Ni de acuerdo ni en desacuerdo. 5. Estoy ligeramente de acuerdo. 6. Estoy de acuerdo. 7. Estoy muy de acuerdo.

1. Tengo mucho en la vida por lo que estar agradecido.
2. Si tuviera que hacer una lista con todo lo que agradezco, la lista sería muy larga.
3. Cuando observo cómo está el mundo, no veo mucho que agradecer.
4. Le estoy agradecido a una gran cantidad de personas.
5. A medida que me hago mayor, me veo más capaz de apreciar a las personas, los acontecimientos y las situaciones que han formado parte de mi historia.
6. Puede pasar mucho tiempo hasta que siento agradecimiento por alguien o algo.

Cómo puntuar: suma lo obtenido en los puntos 1, 2, 4 y 5. Invierte la puntuación de los puntos 3 y 6. Es decir, si marcaste un 7, pon un 1; si marcaste un 6, pon un 2. Y añade las puntuaciones invertidas del 3 y del 6.

Tu nivel de gratitud: si obtuviste una puntuación de 35 o menos, te encuentras entre el 25 por ciento de personas menos agradecidas. Si estás entre 36 y 38, estás entre el 50 por ciento de personas menos agradecidas. Si has obtenido 39 o más, te sitúas entre el 50 por ciento de sujetos más agradecidos. Si has sacado el máximo, 42 puntos, perteneces al 12,5 por ciento de personas más agradecidas.

—*Limpiar la mirada.* En el capítulo 10 («La buena imagen») hablo del culto al error. Y explico que le damos siempre más valor a aquello que nos cuesta un esfuerzo o que rectifica una conducta que a lo que ya hacemos o tenemos bien naturalmente. Pues limpiar nuestra mirada trata exactamente de esto. En la psicología positiva se trabaja el hecho de que si practicamos nuestras fortalezas en vez de nuestras debilidades nos dirigimos más fácilmente hacia la positividad.

Eso no significa que dejemos de hacer un esfuerzo por mejorar las carencias, sino que en nuestra lista de prioridades le demos más valor a nuestro talento natural. Es una manera de reforzar nuestra autoestima. Fíjate que, si potencias aquello que te gusta de tu cuerpo, te sentirás siempre más atractivo que si intentas ocultar aquello que no te gusta.

Te cuento una anécdota personal. Mi hijo pequeño, Noan, tiene un don con la música. Desde pequeño se le ha dado muy bien. En cambio las matemáticas no son lo suyo, aprueba, pero lo justo y necesario. Entonces pensé en ponerle un profesor de matemáticas para que mejorara, aunque a él particularmente no le hacía gracia... Pero al cabo de unos días, pensé: «Quizá si, en vez de machacarlo con algo que ni le gusta ni le motiva, le aporto mi apoyo en lo que sí le motiva y le gusta, puede que sea más fructífero para su autoestima y para su felicidad». Y eso es lo que hice, le puse un profesor de música. Un profesor que le exige que haga un esfuerzo y que ponga toda su energía en aquello que realmente se le da bien.

¿Sabes?, no puedes ser bueno en todo. Y creo firmemente que, si limpiamos nuestra mirada, descubriremos lo que se nos da bien naturalmente y, si le aportamos la energía suficiente, podemos conseguir un camino más positivo en la vida.

Te facilito otro ejemplo personal e interesante para que me entiendas, mi empresa de imagen personal funcionaba bien, pero ya hacía muchos años que hacía lo mismo y me sentía un poco estancada, y eso que mi trabajo me encanta. Conocí a una consultora que me hizo una pregunta que realmente creo que cambió mi vida: «¿A ti qué se te da bien?». Evidentemente yo contesté aquello que ya estaba haciendo: la asesoría, los *personal shoppers*... «No, no», me dijo. «No pienses en aquello a lo que te dedicas. Si hablamos de aptitudes en general, ¿cuál crees que es aquella que te sale naturalmente? Eso que no te cuesta ningún esfuerzo y que además disfrutas haciendo. Eso que te sale de manera tan natural que ni eres consciente de que es bueno». Ni os cuento lo que me costó contestar... Empecé pensando en mis hobbies, pero me di cuenta de que aunque disfruto con ellos, tampoco se me dan tan bien. Luego medité sobre cuándo me sentía realmente cómoda en mi trabajo, qué es lo que disfrutaba haciendo... y, después de darle muchas vueltas, lo descubrí: comunicar. A mí lo que se me da naturalmente bien es comunicar y es con lo que disfruto.

El talento es aquello que haces con facilidad

Durante un tiempo no le di más importancia y seguí mi vida profesional como antes, pero poco a poco empecé a poner más energía en crear nuevas formaciones, en buscar maneras diferentes de decir las cosas y comencé a centrarme en cómo comunicar mis ideas, mi experiencia, a los demás. Entonces creé un canal de YouTube; luego conseguí de casualidad, pero yo estaba preparada, una sección en un programa de televisión, después otro; también me ofrecieron una sección en *La Vanguardia*, seguido de un gran sueño, una charla TEDx; poco después también entré en *Operación Triunfo* (aunque en su momento yo quise ser una concursante, pero nunca me atreví a presentarme, y ya ves que lo conseguí de otra forma, pero más satisfactoria, como profesora) y, por el momento, abordo otro gran reto comunicativo: este libro.

Te aseguro que, cuando limpié mi mirada, pude detectar mi talento, aceptarlo y volcar mi energía en ello. Poco a poco, pero de manera segura y positiva.

Conclusión final

El optimismo es un motor que ayuda a salir de las situaciones difíciles o dolorosas, pues trabaja la esperanza de que otra realidad es posible si ponemos de nuestra parte. La positividad es un estado mental que nos permite observar la vida a través de un filtro distinto, pero no niega la realidad. La música, ir de compras, pequeños cambios de imagen, mirar fotografías de seres queridos o de nuestras mascotas son claves para que cada uno fomente una mirada positiva hacia la vida. Para trabajar día a día la positividad hay que sonreír, cuidar nuestra imagen, no recrearse en las miserias, aceptar los cumplidos y saber darlos, estar agradecidos por las pequeñas cosas de la vida y limpiar la mirada...

14
La fotogenia

Cuando en mis ponencias o formaciones pregunto quién se considera fotogénico, levantan la mano muy pocas personas. Todos los demás creen que salen mal en las fotos. Y suelen decir: «Yo me veo mejor al natural». Pero ¿no te parece extraño?, puedes no verte bien en una fotografía, pero ¿en todas? Todos ponemos la misma excusa, que salimos mal en las fotos porque no somos fotogénicos. Pero esta excusa tiene el riesgo de hundirte en la miseria..., como se dice en inglés: «What you see is what you get». Es lo que hay. Pero tranquilo, no es que seas feo, ¡es que no sabes posar! La cuestión siempre es la misma... Y seguro que te preguntas: «¿Para qué necesito yo quedar bien en las fotos?». Necesidad, ninguna; pero lo que no me gusta es que pienses que sales mal porque eres poco atractivo, ¡nada de eso! Es que nadie te ha enseñado a posar correctamente o a saber sacar la mejor parte de ti mismo en una fotografía. Mi misión es intentar quitar de tu cabeza todas las falsas creencias que puedan llegar a afectar a tu autoestima.

La fotogenia no es cuestión de belleza

La creencia de que la fotogenia es una cuestión de belleza natural ha hecho mucho daño a la autoestima colectiva. Piensa que, además del espejo, las fotografías y los vídeos son el único reflejo de la realidad que podemos percibir de nosotros mismos..., y si no sabes usarlo bien, si ese retorno no es lo que te esperabas, pues es posible que afecte directamente a tu autoestima. También ocurre el efecto contrario, si hay una imagen de ti mismo que te agrade, puede reafirmar tu autoestima y ayudarte a crear una visión positiva sobre tu apariencia. La idea es conseguir un reflejo auténtico y natural de ti mismo que te permita advertir todo aquello bueno que tienes.

Hoy en día con las redes sociales la presión por salir bien en las fotos es tremenda. Es curioso cómo queremos exponernos para gustar más, pero al mismo tiempo corremos el riesgo de ser más criticados y por eso cada vez se pierde más naturalidad y autenticidad. También es cierto que tienes muchas más oportunidades de salir bien. Es posible que te hagas, por ejemplo, cien fotos y seguro que por lo menos, entre todas ellas, haya una más o menos potable que además puedes retocar con distintas aplicaciones y filtros. Voy a parecer una anticuada, pero en mi juventud es cierto que no existían las redes sociales y no sentíamos esa necesidad de exponernos. Tampoco había cámaras digitales, y cuando te hacían una fotografía, tenías que esperar cinco días para ver el resultado. ¡Eso sí que era presión! Y cuando veías que habías salido mal, aquello era un drama.

Pero, por otra parte, ahora tienes muchas más fotos a tu alcance para compararte con los demás y la comparación es lo que nos lleva a la frustración y a la baja autoestima. Además de tener que soportar los comentarios de individuos aburridos en sus casas y llenos de odio: los *haters.* Yo no soy experta en redes, y no voy a extenderme sobre el tema, pero contra eso lo ideal es «a palabras necias, oídos sordos» que hoy en día equivale a BLOQUEAR.

Cómo salir bien en las fotos

Pues eso..., la fotogenia no es cuestión de belleza. Es una combinación de físico y actitud. Y cuando digo físico no me refiero a ser guapo o no, sino a saber sacarse partido. Tiene que ver con la seguridad con la que te enfrentes a la cámara para conseguir así naturalidad y autenticidad.

Por otro lado hay que tener en cuenta temas más técnicos como la luz, aprovechar el talento del fotógrafo, considerar el momento en el que nos encontramos, lograr el estilismo adecuado, conseguir una buena postura corporal y, sobre todo, cultivar una buena actitud.

Pero lo que quiero transmitirte es que, como todo en la vida, si quieres conseguir un resultado positivo, debes practicar o entender el funcionamiento de un posado para evitar la frustración. La idea es usar todos los recursos que tienes a tu alcance para crear una imagen positiva de ti mismo.

La distancia entre los sueños y la realidad se llama disciplina

Así que la pregunta del día sería: ¿cómo salir bien en las fotos? Para empezar, y como elemento básico, debemos pararnos a reconocer cuáles son nuestras cualidades físicas, qué te gusta de ti y qué es lo que quieres potenciar. Te remito al capítulo 3 («Aprender a mirarte») para que descubras tus partes favoritas. Y esta es la clave, si no te quieres o no te gustas, difícilmente vas a conseguir la seguridad necesaria para exponerte en una foto. Para salir bien te tienes que querer y tener paciencia y seguridad.

Yo aprendí esta lección gracias a mi hermana. Durante muchos años consideraba que salía mejor en las fotos que mis hermanos, que ya de por sí son muy guapos. No es porque fuese una creída, sino que básicamente, como era la mayor de los seis, hasta que no crecieron no tuve una competencia real en las fotografías. Pero cuando mi hermana (la que va después de mí) cumplió quince años, la cosa cambió por completo. En la vida real no se notaba tanto, pero en las fotos la comparación era mortal. Ella salía siempre perfecta, divina, y yo que seguía haciendo lo de siempre (o sea el payaso), a su lado parecía un ogro... Y eso para mi autoestima fue fatal... ¿Por qué si siempre había salido bien en las fotos, de pronto me veía tan, tan, tan mal? Muy fácil, en el fondo siempre había salido mal, pero nunca me había podido comparar con nadie. Así que después de ver unas cuantas fotos en las que posaba con mi hermana y en las que me sentía como el patito feo, decidí observarla y ver qué es lo que ella hacía para salir tan bien y copiarla.

¿Qué hacia mi hermana (y sigue haciendo) cuando ve una cámara de fotos?

Quedarse quieta. Parece una tontería, pero es algo que no hacemos. Nos quedamos quietos treinta segundos, pero si tardan mucho en hacer la foto o nos hacen varias..., nos da por hablar, reír, mirar hacia otro lado, movernos o, peor..., volver a comer. Mi hermana, hasta que la cámara no se bajaba, no se movía. Y lo mejor es que sabía quedarse quieta de manera natural, no con una sonrisa del Joker de Batman... Ella estaba relajada, aceptando el momento con serenidad y valentía.

Ser valiente. Porque hay que ser muy valiente para que la vergüenza, el pudor, la falsa humildad o la impaciencia no se apoderen de ti durante la sesión. Y aunque parezca una tontería, aceptar el momento, asumir que estás posando, saber que quieres salir favorecido, mirar a la cámara sin timidez; en resumen, el ser consciente de ese pequeño momento de vanidad... hace que salgas más guapo. Pero nadie dijo que fuera fácil, es una lucha interna que curiosamente te ayudará a aceptar tus partes positivas también en otros ámbitos. Asumir una actitud relajada frente a la cámara puede hacerte hasta disfrutar de este instante.

Buscar potenciar sus fortalezas. Mi hermana conoce perfectamente cuáles son sus cualidades físicas y no tiene miedo en mostrarlas. Si conoces los ángulos con los cuales te sientes más cómodo, los que te favorecen, te sentirás más relajado.

Y ese es el otro aspecto: para asumir cuáles son nuestras cualidades, no existe otro sistema para comprobarlo que el de ensayo-error. Hay que tomarse un tiempo para mirarse y practicar. Como la fotogenia se puede trabajar, cuantas más fotos te hagas, más te conocerás y más fácil te será luego posar. Busca tu mejor ángulo en el espejo. Una vez que lo encuentres, trata de sacarle provecho. En mi caso, al tener la nariz ligeramente torcida, mi lado derecho es más fino que el lado izquierdo. Desde que lo sé, rara vez me verás posando en una foto con el lado equivocado. Piensa que la asimetría del rostro es lo más habitual y no es una característica mala, es lo que nos hace únicos y perfectamente imperfectos.

La reivindicación constante permite que te enamores de ti

Trabajar su postura corporal. Mi hermana siempre posa con el torso erguido, de tres cuartos, y con el cuerpo en una posición algo asimétrica. Te cuento, es importante intentar mantener una postura erguida tanto si estamos de pie como sentados. Recuerda siempre que el esternón debe estar elevado, porque, si posas encogido, la imagen que vas a proyectar es la de una persona introvertida o incómoda, como si no quisieras estar allí. Piensa en adoptar una posición tres cuartos hacia la cámara. Para ello separa levemente los codos del cuerpo y apoya a la vez el cuerpo sobre una cadera, con las piernas ligeramente separadas. Como ya has visto en el capítulo 6 («La seguridad»), ocupar el espacio que nos rodea y separar ligeramente las extremidades superiores e inferiores ayuda a transmitir y sentir más seguridad. Además de mantener el torso erguido, coloca los hombros un poco hacia atrás. Ten cuidado con poner las manos en los bolsillos o con apoyarte sobre un objeto ya que de esta manera relajas tu postura y pierdes presencia.

Sonreír naturalmente. Si quieres transmitir felicidad, tranquilidad y amabilidad es mejor sonreír. Ahora bien, cuando nos hacen una foto, nuestra sonrisa suele ser poco natural, o en mi caso muy exagerada, como congelada. Tenemos que conseguir recrear una sonrisa real y suave, para ello mi truco es pensar en un momento bonito y positivo. Imaginarte una situación agradable, y sentir esa sensación, hace que la cara se ilumine y los ojos brillen. Haz la prueba.

Controlar las extremidades. Las manos y los pies son dos partes tremendamente expresivas de nuestro cuerpo y es normal que uno no sepa qué hacer con ellos. Lo ideal, como te he comentado antes, es despegarlos ligeramente del cuerpo. Piensa que cuando estamos en tensión, o no nos sentimos a gusto, donde más se percibe es en las manos: cerramos los puños o tenemos los dedos en tensión, apretados entre ellos. Así que párate a pensar cómo moverte y cómo controlar tus extremidades. Cuidado con cómo colocas los pies. En mi caso es tremenda la tendencia «Lina Morgan» que tengo con la postura de los pies y, sin duda alguna, a pesar de pensar en todo lo demás, parezco la tonta del bote.

Cómo ser auténtico y no morir en el intento

Y con todo esto, pensarás: ¿cómo voy a mantener mi autenticidad? Ser auténtico parte de un sentimiento puro que te representa perfectamente, pero que a la hora de expresarlo puedes hacerlo de la mejor manera posible. Ser auténtico no impide adquirir nuevas enseñanzas, querer mejorar para lograr nuestros propósitos. Te pongo un ejemplo, hace un tiempo di unas clases en un programa de televisión, y una era de protocolo en la mesa. Tenía que enseñar cuáles eran las pautas de las buenas maneras en la mesa. Recibí muchas críticas por parte de algunos seguidores del programa recriminándome que estaba «adoctrinando» a los concursantes y que por mi culpa perdían autenticidad y naturalidad. Incluso algún concursante me hizo el comentario, pero me encantó recordarles que la buena educación te permite ser educadamente auténtico.

Para mí, y esto es una opinión subjetiva, ser auténtico significa no engañar a los demás y sobre todo a ti mismo. Querer sacarte el máximo partido respetando quién eres no es perder autenticidad, te lo aseguro.

Entiendo que ahora mismo lo veas difícil, pero por lo que he podido aprender durante este tiempo, esto es como todo en la vida: si no tienes el don natural, tienes que ensayar y practicar hasta sentirte satisfecho con el resultado.

Los pequeños detalles se pueden controlar y, al hacerlo, puedes conseguir grandes cambios. Son los pequeños cambios los que marcan la diferencia.

Conclusión final

La fotogenia no es una cuestión de belleza natural, es algo que se puede controlar. Entre otras cosas consiste en dominar unas herramientas para posar correctamente. La idea es conseguir un reflejo auténtico y natural de nosotros mismos que nos ayude a reflejar todo aquello bueno que tenemos. El secreto está en combinar lo físico (saber sacarse partido) con una buena actitud. La clave está en enfrentarse con seguridad a la cámara. Para ello se pueden aprender una serie de trucos y trabajarlos cuando nos van a hacer una fotografía: quedarse quieto, ser valiente, potenciar las fortalezas, trabajar la postura, sonreír con naturalidad y controlar las extremidades.

15
Aquello que no cuidas se pierde

«Solo se pierde aquello que no se cuida.
No se cuida aquello que no se valora.
No se valora aquello que no se ama.
No se ama aquello que no se conoce».
CITA ANONIMA

Es curioso que, cuando queremos alcanzar algún objetivo, cuando nos centramos en algo que deseamos de verdad, ponemos en marcha de manera más o menos inconsciente todas las pautas que menciono en este libro. Por ejemplo, cuando buscamos trabajo y tenemos nuestra primera entrevista, cuando tenemos una primera cita, cuando llegamos a un lugar nuevo...

Estamos atentos a aquello que nos ponemos y cuidamos un poco más nuestro aspecto externo (en esta ocasión no nos parece una característica superficial). Atendemos nuestra expresión verbal: qué decimos, cómo lo decimos. Escuchamos activamente y mostramos interés. Nuestra postura corporal está algo más controlada que de costumbre. Mantenemos nuestra actitud a un buen nivel: sonreímos, somos cordiales, estamos atentos al otro, intentamos mostrarnos positivos y motivados...

La importancia de los detalles

La verdad es que con una finalidad clara o un objetivo a corto plazo, esto no es difícil. Lo que sí que es difícil es mantener el mismo nivel de interés, cuidado y atención una vez alcanzado el objetivo o con un objetivo a largo plazo. Muy a menudo (demasiado) pasa que, cuando conseguimos el puesto de trabajo, la imagen externa se va relajando (algo menos si la empresa tiene algún código de vestir, es decir, si te obligan). Ya no vas tan de punta en blanco cada día porque no le das la importancia que realmente tiene. En las relaciones con los compañeros, aunque sean buenas, también bajamos la guardia. No saludamos ni sonreímos tanto ni escuchamos como al principio. La rutina hace sus estragos.

Y en cuanto a la pareja. Qué os voy a contar que no sepáis. Aquí sí que la definición de «la confianza da asco» es real. Es normal y necesario que, con la persona que hemos elegido para caminar un trozo de nuestra vida (más o menos largo), nos sintamos cómodos y que tengamos confianza en ella. Es la persona que nos va a ver en los peores momentos estilísticos de nuestra vida: pijamas gordos y calentitos, chándales, batas de hospital o atuendos de estar por casa. Es la persona que va a vivir y a amar nuestros cambios físicos: esos kilitos de más o de menos, la transformación corporal después de tener hijos (no siempre a peor), ese cambio en la menopausia, esa pérdida de cabello... Es la persona que va a entender nuestros días malos y va a aguantar nuestro mal humor, nuestras quejas, nuestras crisis, nuestra evolución como persona...

Deja de verte...
¡MÍRATE!

Pero justamente por esa confianza no hay que dejar de cuidar los detalles. No hay que olvidar hablar amablemente y ser cordial. Hay que seguir cuidando nuestra imagen para seducir... en cada una de las situaciones diarias de la vida, teniendo en cuenta la evolución natural de nuestro cuerpo. No hay que olvidar nunca las demostraciones de amor: los besos, los abrazos, los mimos diarios...

Los detalles (tenerlos en cuenta y cuidarlos) son los que pueden alargar la vida laboral, familiar, amistosa o amorosa. Obviamente esto no garantiza nada, pero al menos lo habremos intentado.

Así que cuando vayas a nombrar las excusas de siempre: «Es que la confianza da asco», «Es que ya me conocen», «Es que me quiere tal cual», «Es que estoy muy cansado», «Es que los niños dan mucho trabajo», «Es que el día a día», «Es que...» (si quieres te dejo espacio para que apuntes todas las justificaciones que usas, para reírte un rato)..., piénsatelo dos veces y rectifica.

La fórmula mágica

Y para seguir motivado en este nuevo camino que has emprendido y seguir cuidando todos los detalles, te propongo esta simple formula: C + C = C (Coherencia + Constancia = Credibilidad).

Coherencia. No te crees una imagen que no se corresponde con quién eres. No te pongas aquello que sabes que nunca vas a usar. Una cosa es arreglarse y otra disfrazarse. Identifica tus habilidades y ponlas a tu disposición para mejorar tu impacto e influencia. Trabaja la capacidad de flexibilidad de imagen, la expresión y la actitud para adaptarte a las diversas situaciones. Y recuerda que no tienes una sola manera de ser tú mismo, tu registro comunicativo es muy amplio y no pierdes autenticidad por usarlo, sino que ganas en carisma.

Constancia. Cuanto más a menudo pongas en práctica todos los elementos, más conseguirás que sean hábitos y formen parte de ti. Recuerda el capítulo 6 («La seguridad»). Los cambios bruscos de imagen, de expresión y actitud no ayudan a crear confianza. Hay que buscar una línea de actuación bastante constante o que la variabilidad sea creada voluntariamente. No hay que esperar a una ocasión especial para sacar lo mejor de ti, cada día es una ocasión especial.

Credibilidad. Cuando creas una imagen fiel a ti mismo, pero adecuando todas las herramientas para llegar a tu objetivo, y además lo haces diariamente, el resultado es el de credibilidad. Sea cual sea tu objetivo de imagen: seriedad, jovialidad, cercanía o seguridad.

¿Por qué es importante aportar credibilidad? Piensa que es una de las características que más tranquilidad aporta, ya que te permite ser tú mismo sin preocuparte de que te pongan en duda. Es la manera más efectiva de tener influencia y de generar confianza.

Una decisión lo cambia todo, no un deseo

La credibilidad va de la mano de la verdad, de manera que una persona poseerá un mayor grado de credibilidad si no se ha visto involucrada en episodios muy variables o que no eran acordes con su personalidad.

Recuerda que todo empieza por la aceptación de quién eres, centrándote en lo que más te gusta de ti y potenciándote con todas las herramientas que te permitan alcanzar tu objetivo de imagen, para de esta manera, quererte más.

El broche final

Aunque hablemos de cuidar los detalles, y parece que siempre lo hacemos para los demás, no olvides que principalmente lo haces para y por ti. No podrás cambiar la actitud ajena, no podrás evitar los malos momentos o los días malos, no podrás evitar sentirte alguna vez solo o triste, vendrán momentos de contar miserias y de verte horroroso en las fotos, de enfadarte por los cambios y de ser grosero o, peor aún, de hablarte mal y no quererte... Cuando lleguen esos momentos, recuerda que el cambio está en tus manos. MÍRATE y sonríe.

Agradecimientos

Si te quejas..., te estancas.
Si agradeces..., avanzas

Para seguir avanzando, quiero agradecer y mucho.

Aviso a navegantes: momento cursi a más no poder en curso:

Yo siempre decía: «Algún día escribiré un libro», como quien dice: «Algún día ganaré un Oscar»... ¡Pues ahora me plantearé el Oscar! ☺ Os aseguro que lo veía así de difícil hasta que apareció Gonzalo Albert, cual hada madrina. Gracias, Gonzalo, por creer en el libro, pelearlo y mil, mil, mil gracias por acompañar, de esta manera tan única y cercana que tú tienes, a esta autora en construcción.

Gracias a los muy míos por ayudarme y soportarme y burlarse de mí como nadie durante estos intensos meses. Stephane, eres el amor de mi vida.

Elea, gracias por cambiar el rumbo de mi vida. Noan, gracias por salvarme la vida. Sois lo mejor que me ha pasado nunca. Os quiero con locura.

Mamá, gracias por creer en mí siempre, siempre, siempre. Ya me dijiste que a los cuarenta florecería, y como siempre, tienes razón.

Papá, tú sabes que sin ti yo no estaría cumpliendo mi sueño. Gracias por tu infinita paciencia. Os quiero a los dos.

Gracias, Susu, por ser siempre la otra perspectiva y poner foco como nadie.

A mi «no amiga» Laura, tú plantaste la semilla de todo esto, gracias por ver en mí lo que ni siquiera yo veía.

A mi compañera de viaje. ¡Mónica, dónde estábamos y dónde estamos, tronca! Gracias por estar, siempre.

Gracias a Rosa que me ha sufrido a diario, con paciencia y cariño.

A mi familia y amigos, que ahora puedo volver a ver, ¡gracias por no olvidarme! ☺

Gracias a todos mis clientes, alumnos y todos aquellos que habéis acudido a alguna de mis charlas, por toda la inspiración y aprendizaje.

Y a ti, que lees esto, gracias.

Este libro
se terminó de imprimir
en el mes
de mayo de 2018